世界のコンパクトシティ
都市を賢く縮退するしくみと効果

編著 谷口 守

著 片山健介　松中亮治
　 斉田英子　氏原岳人
　 髙見淳史　藤井さやか
　 堤 純

COMPACT CITY

学芸出版社

はじめに

　都市の構造をコンパクトにすることにはさまざまなメリットがある。思いつくだけでも、生活利便性の確保、環境負荷の削減、社会基盤の有効活用、行政運営の効率化、地域活性化、健康まちづくりの促進、自然環境の保全、公共交通の経営基盤の改善、交通弱者への配慮といった項目を挙げることができ、一石八鳥とも九鳥とも言うことができる。特に、人口減少時代においては避けては通れない基本的なまちづくりのコンセプトとして期待されている。

　その用語自体はようやく広まりつつあるが、日本では制度的な対応が遅れたこともあり、その動きは始まったばかりである。このため、残念ながら、まだ誤解や見当違いの批判も多い。また、1章で後述するように、自治体の担当職員にはその実施が容易ではないと感じている人も多く、その割合は制度化が進んでも変化していない。2014年にしくみ上は立地適正化計画が策定できるようにはなったが、まだどの市町村も恐る恐る計画をたてているのが実際のところといえよう。

　最近では、新聞やネット上で都市のコンパクト化が実態としてそれほど進んでいない、といった批判記事を目にする機会も少なくない。ただ、それらの多くは都市のコンパクト化政策をカンフル剤と勘違いしているケースがほとんどである。これは近年の都市政策が規制緩和・活性化を旗印にカンフルを打ち続けることを是としてきたことによる思考停止の結果でもある。特に人口減少が進む日本では、都市のコンパクト化はそのようなカンフル剤ではなく、体質改善策であることをまず理解しなければならない。制度の採用から2〜3年で目覚ましい成果を期待することがそもそも筋違いであり、次の選挙までに成果を並べたい政治家にとっては材料にならない政

はじめに　3

策の代表例ともいえよう。

　都市構造を拡散するままに放置しておけば、中長期的にさまざまな問題が悪化する。それはあたかも肥満化した人間が生活習慣病に徐々に罹患していく姿に重なる。都市構造に由来する深刻な問題は生活習慣病と同様にすぐに障害を発症するわけではなく、じわじわとやってくるだけに手が悪い。たとえば、周囲に多少空き家が増えたぐらいでは日常生活に何の影響もないが、それが積み重なると、ある時突然、路線バスや店舗、病院といった都市サービス機能が撤退することになる。地震に伴う津波は瞬時に被害がわかるためにハード・ソフトともに対策がたてられやすいが、都市拡散に伴う「ゆっくり来る津波」にもその影響の大きさからそれ以上の対策とその実行が求められるのである。

　ちなみに、なぜ都市のコンパクト化が求められるのかということをたとえれば、肥満化した成人病患者に医者がダイエットを勧めるのと理屈は同じである。その方が都市も人間も健康になるからにほかならない。また、ダイエットの効果を上げるのが容易でないのと同様に、都市のコンパクト化も効果が見えるまで実施することは簡単ではない。共通に求められることは「節制」を継続することである。ダイエットを完遂できる意志の強い人間は少ない。都市も同じである。

　なお、自分がダイエットに失敗したからといって、スマートで健康的な体型自体を批判する人はいない。同様にコンパクト化政策に飛びついてはみたものの、思うようにいかないからといってコンパクトシティ自体を間違ったもののように批判するケースが散見されるが、それは筋違いである。なかには「うちのまちはコンパクト化には向かない」ということを平気で宣言する都市もあるが、それは「もう私は糖尿病なんだから、いくら甘いものを食べてもいいでしょ

う」と言っているのと同じことである。

　コンパクト化政策を支える立地適正化制度が導入されて数年が経過したが、そのしくみ自体もまだ十分とは言えず、適宜見直していく必要がある。当初見られたような、「強制的に移住させられる」といった見当違いの誤解はさすがに減ってはきており、市民の理解も向上している。ただ、1章で解説するようないくつかの本質的課題はまだまったく解決しておらず、今後の取り組みが求められる。

　以上のような問題意識をもとに、本書ではコンパクトシティに関連するさまざまな観点から海外の先進諸都市を紹介する。国内外を問わず、都市にはそれぞれの都市の個性があり、したがって都市構造に対する政策の打ち方もそれぞれに異なる。コンパクト化政策という名称は共通でも、都市によっては冒頭に示した一石八鳥や九鳥の目的のうち、どれを主眼としているかによってもその対応の仕方は異なってくる。他都市のコンパクト化政策をそのままコピーしてもうまくはいかないが、広く支持される多様な都市の実態を学んでおくことの意義は大きい。本書での都市の紹介においては、その対応方策の幅広さがうまく伝わるよう、対象と内容を厳選している。

　具体的には、まず1章でコンパクトシティ政策の現在までの道のりと、今後見直しを進めていくうえでの本質的な課題を整理する。その上で2章以降は、アムステルダム（オランダ）、コペンハーゲン（デンマーク）、ベルリン（ドイツ）、ストラスブール（フランス）、ポートランド（アメリカ）、トロント（カナダ）、メルボルン（オーストラリア）を取り上げ、それぞれ特徴的なコンパクトシティ政策を解説する。

　これらの諸都市の中には日本がコンパクトシティ政策に向き合う以前から時間をかけて取り組んできたところが少なくない。本書では、トロントにおけるスマートシティとの連動など最新の情報収集を

はじめに　5

心がけたが、その一方でコペンハーゲンのフィンガープランやベルリンの拠点集約といった時代が経っても色あせない、むしろ古典としての輝きを増している取り組みも積極的に紹介している。これら諸都市の情報が今後の持続可能な都市づくりに少しでも貢献できることを期待したい。

谷口 守

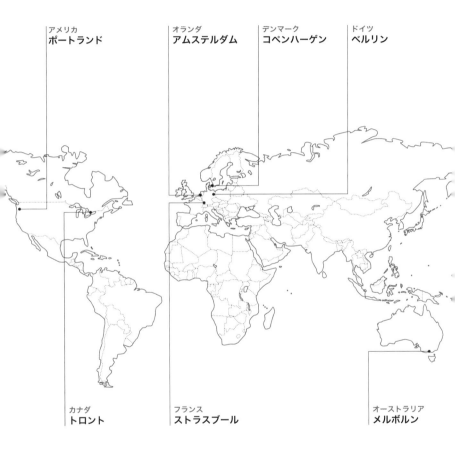

本書で紹介する都市

CONTENTS
目次

はじめに　　3

1章　日本におけるコンパクトシティの課題と解決策
谷口 守　　11

1 コンパクトシティの概要と効果　　12
2 コンパクトシティ政策の系譜　　15
3 時間を要した日本の制度づくり　　18
4 多様化する導入目的　　20
5 残された本質的課題（解決に向けて）　　23
6 今後の方向性を考える　　34

2章　オランダ・アムステルダム
── 持続可能な経済成長を支える都市政策
片山健介　　36

1 アムステルダムの概要　　38
2 オランダの空間計画制度　　41
3 オランダの国土空間政策とコンパクトシティ　　44
4 アムステルダムのコンパクトシティ政策　　51
5 日本への示唆　　67

3章 デンマーク・コペンハーゲン 70
—— 駅周辺に都市機能を集約する住宅・交通政策
斉田英子

1 コペンハーゲンの概要	72
2 デンマークの都市計画制度	77
3 コペンハーゲン都市圏におけるフィンガープラン	79
4 コペンハーゲン市のコンパクトシティ政策	89
5 日本への示唆	94

4章 ドイツ・ベルリン 98
—— サービスやインフラへのアクセスを確保する拠点づくり
髙見淳史

1 ベルリン=ブランデンブルク首都圏の概要	100
2 地方行政の体系と空間計画のしくみ	103
3 コンパクト化が要請された背景	110
4 首都圏の中心地システムと都市整備	112
5 コットブス市の拠点の設定方法	117
6 日本への示唆	122

5章 フランス・ストラスブール 126
—— 都市交通政策を軸とした住みやすいまちづくり
松中亮治

1 ストラスブールの概要	128
2 フランスにおける都市内公共交通を支える制度	130
3 ストラスブールの都市交通政策	135
4 交通政策を中心とした都市政策の成果	148
5 日本への示唆	154

6章　アメリカ・ポートランド
──住民参加によるメリハリある土地利用と交通政策
氏原岳人

158

1　ポートランドの概要	160
2　ポートランドの都市政策	167
3　都市政策の成果	176
4　日本への示唆	181

7章　カナダ・トロント
──多様性とイノベーションを生むスマートシティ開発
藤井さやか

184

1　トロントの概要	186
2　コンパクトな都市構造を支える都市計画	193
3　未来型スマートシティの構想	206
4　日本への示唆	214

8章　オーストラリア・メルボルン
──急激な人口増加に対応する都市機能の集約
堤 純

216

1　メルボルンの概要	218
2　オーストラリアの行政機構	229
3　メルボルン大都市圏の交通政策の変遷	231
4　メルボルン2030：スプロール抑制と拠点の整備	234
5　メルボルンプラン2017-2050：メトロ整備と知識集約産業の集積	239
6　日本への示唆	245

おわりに　249

1章

日本における
コンパクトシティの
課題と解決策

谷口 守
たにぐち・まもる

筑波大学システム情報系社会工学域教授。
1961年生まれ。京都大学工学部卒業。京都
大学大学院工学研究科博士後期課程単位
取得退学。カリフォルニア大学バークレイ校
客員研究員、ノルウェー王立都市地域研究
所文部省在外研究員、岡山大学環境理工学
部教授などを経て、2009年より現職。工学
博士。専門は都市地域計画、交通計画、環境
計画。著書に『入門 都市計画−都市の機能
とまちづくりの考え方』(森北出版)など。

1／コンパクトシティの概要と効果

　人口減少時代においては、都市を拡げていくよりはコンパクトにする方が望ましいということがようやく一般に理解されつつある。それは喜ばしいことではあるが、コンパクトシティとはそもそもどんな都市なのかと問われても明瞭に答えることは、実は専門家にとっても容易ではない。その定義も専門分野により、また人によっても異なっているというのが実情である。たとえば、野生生物の保護をしているエコロジストは野生生物の生息域を十分に確保するために人間の居住地を広がらないようにすることだと言い、建築家の中には高齢者や子どもが分け隔てなくコミュニケーションができる親密な空間のことだと言う人もいる。

　筆者はそれらさまざまなコンパクトシティの捉え方を無理に統一したり、定義しない方がよいと感じている。都市や地域に関わる専門家にとって、これからの時代は、何かを拡張していくより、いかにコンパクトにまとめていくかが重要であるという方向性は共有されているように思う。そのなかで、コンパクトシティという概念はいずれの分野にとっても基盤となるいわゆる意見交換を行う上での共通のプラットフォームとしての役割を果たすであろう。ちなみに、都市計画専門家の中には「持続可能性教という新たな宗教のもとでは、コンパクトシティは聖都エルサレムとなり、計画家がその聖職者となろう」とコメントしている人もいる。

　そのようななかでも、比較的コンパクトシティの意義をわかりやすく伝えるイメージ図として、マイケル・トムソンによる都市構造図（図1）を示しておく。図1の一番左側の図が「強中心型」と呼

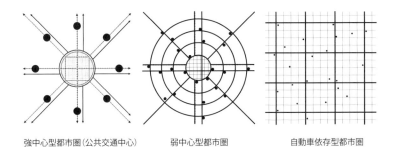

強中心型都市圏(公共交通中心)　　弱中心型都市圏　　自動車依存型都市圏

図1　マイケル・トムソンによる都市構造図 (出典：*1)

ばれるタイプで、公共交通を基軸とした都市構造となっている。大量輸送機関である公共交通は、一般にその駅勢圏での高密な居住を可能にする。あわせて各駅では交通が集中することでさまざまなサービス施設の立地可能性が高まり、拠点としての賑わいが創出される。これらの効果があいまってコンパクトな市街地が形成されやすくなる。

一方、右端の都市構造は都市内移動において自動車が主となるケースである。自動車はドア・ツー・ドアでの移動を可能にする便利な移動ツールであるため、逆に強中心型で見られたような拠点は形成されにくくなる。

「はじめに」でも述べたが、このようなコンパクトな都市構造が成立することにより、さまざまなメリットが生じることが期待されている。その代表的なものだけでも例示すると、生活利便性の確保、環境負荷の削減、社会基盤の有効活用、行政運営の効率化、地域活性化、健康まちづくりの促進、自然環境の保全、公共交通の経営基盤の改善、交通弱者への配慮などが挙げられる。

また、これら諸事象は相互に独立しているわけではなく、どれか

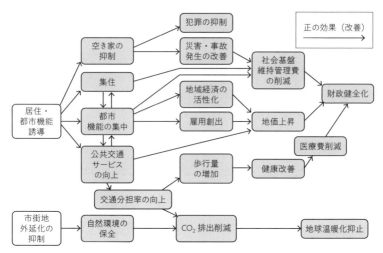

図2　都市のコンパクト化がもたらす効果の構造（出典：＊2）

が変化すれば他の項目にも影響が及ぶことが類推できる。諸事象の相互関係を完全に把握することは容易ではないが、たとえば図2のように因果関係の一部を整理することは可能である。この図からも明らかなように、コンパクトシティ整備に伴う効果発現のステップは多段階的となる。また、財政の健全化などはさまざまな効果が発現することを通じ、間接的に、しかし重層的に実現していくものであることがわかる。

　一方で、たとえば公共交通の利用者が増加し、自動車利用に頼っていた場合より市民の歩行量が増えて健康寿命が延びることにより、前述した項目に挙がっていない介護費用の削減につながるといった流れもある。

　このような部門（セクター）を超えて広がるメリットのことを「クロスセクター・ベネフィット」と呼んでいる。コンパクトな都市構造とそれを支える公共交通ネットワークは、さまざまな形で他の部

14

門にクロスセクター・ベネフィットを提供していることを忘れては
ならない。たとえば、地方都市の公共交通の運営はその事業単独で
見れば赤字の場合が多く、単に赤字であるということだけで見直し
が求められる場合も多い。しかし、そのような公共交通がなくなる
ことで新たに必要となる他セクターに対する行政の追加的支出は、
その公共交通への赤字補填額よりも大きくなる場合が多いことが近
年指摘されている。

2 ／ コンパクトシティ政策の系譜

　ここでは改めて日本におけるコンパクトシティ政策の系譜を紐解
いておこう。このような整理を行う意義は、コンパクトシティ政策
の今後について考えるうえでも、その時代によってコンパクトシ
ティに期待される役割が変化することを理解しておいた方がよいか
らである。

　まず、世界で初めて「コンパクトシティ」という用語が提起され
たのは 1973 年に遡る。当時出版された、ジョージ・ダンツィッヒ
とトーマス・サティによる共著『コンパクトシティ（Compact
City)』がこの用語の初出であると考えられる[3]。

　なお、この時の発想は、現在のようにコンパクトシティに一石八
鳥もの意図が込められていたわけではなく、都心の利用価値の高い
空間をどのようなデザインで効率的かつ快適に使えるようにするか
という視点が中心になっていた。利用価値の高い空間は立体的に 3
次元利用するだけでなく、昼と夜とで利用主体が異なることも許容
すべきという時間軸をさらに加えた 4 次元空間としての利用のあり
方も提起していた。つまり、当初は空間利用の効率化が着眼点となっ

1章　日本におけるコンパクトシティの課題と解決策　　15

ていた。

　その後しばらく空白の時期が続くが、転機となったのは、1987年の国連ブルントラント委員会による報告書「私たちの共通の未来（Our Common Future）」において持続可能な開発の重要性が指摘されるに至り、ヨーロッパを中心に、特に低炭素化の鍵となる手段としてコンパクトシティが注目されたことによる。

　これにより80年代後半以降、各国でコンパクトシティ政策が取り組まれるようになる。ノルウェー主要都市での行政のしくみの改変を伴った「TP10」という試み、国土の多くが海面下となっているオランダの国土構想の中での採用（2章参照）、イギリスのガイドライン化、ドイツの都市計画での試み（4章参照）などが取り組みの代表例である。その中の多くが環境課題を改善する政策としてコンパクトシティを既存の政策の中に組み込んだ。

　このような動きに平行し、コンパクトシティ導入の裏づけとなる関連研究も行われるようになった。オーストラリアのピーター・ニューマンとジェフリー・ケンウォーシーにより、都市の人口密度と居住者の自動車依存との関係が定量化されるようになったのもこの頃である[4]。人口密度と自動車利用量の関係は、コンパクトシティ政策を進めるうえでよく参照される基本となるグラフである。日本では多様な都市で入手できる全国都市交通特性調査を用いることでより精度の高い検討がなされており、その最近の結果を図3に示す。

　図3より、ある時間断面で見れば、人口密度が高くなるほど自動車利用による交通環境負荷は削減されることは明白である。なお、同じ都市群を対象に過去から現在まで同様の分析を遡って実施すると、過去から現在に至るに従って高密度都市と低密度都市の間での環境負荷の差が拡大してきたことが明らかになっている。それは主に地方都市を中心とする低密度都市において自家用車の普及が進ん

だ結果である[*5]。

　このような取り組みや研究は、まだ日本においてコンパクトシティに関連する法律や制度が準備されていない時代に取り組まれたものである。これらをベースに、さまざまな法律や制度がまず環境的な視点から組み立てられていくことになる。ただ、社会状況の変化に伴い、コンパクトシティ政策はまた徐々にその目的をシフトさせ、そのカバー領域を広げていった経緯がある。現在は持続可能性を達成するための方策として「SDGs（Sustainable Development Goals）」が普及しつつあるが、コンパクトシティ政策は都市計画・交通分野において、その先取りをしていたといえる。

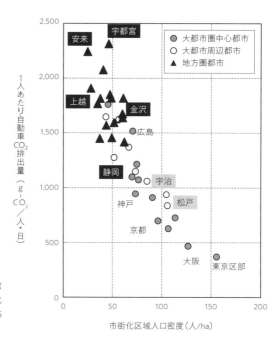

図3　都市ごとの人口密度と自動車による二酸化炭素排出量の関連（2015年）（出典：*5）

3 / 時間を要した日本の制度づくり

　ヨーロッパ諸国がコンパクト化政策の導入を進めていた20世紀末において、残念ながら日本では将来の人口減少が予測されながらも、コンパクト化への政策に対する議論や、ましてや転換がなされることはなかった。導入を実現するまでの苦労話は他書に譲るが、2005年頃になってようやく国土審議会等の文書の中にその用語が見えるようになり、2007年の社会資本整備審議会第2次答申において、都市づくりに関わる国の政策として明示されるに至った。ただ、これはまだあくまでガイドラインとしての位置づけで、法制化や予算対応がなされたというわけではなかった[*6]。

　法制化の実現は、2012年の「都市の低炭素化の促進に関する法律」（通称、エコまち法）の成立まで待たなければならなかった。読んで名前の通り、この時点ではコンパクト化政策はあくまで低炭素化を主目的として行われていたのである。なお、法制化は進められたものの、この時点での予算額はまだ極めて少ないレベルである。

　ただ、このエコまち法の制定以来、堰を切ったように日本のまちづくりはコンパクト化へと流れが変わっていった。翌2013年には「交通政策基本法」が制定される。その中の第25条には、「（中略）交通に関する施策が、まちづくりの観点から、土地利用その他の事項に関する総合的な計画を踏まえ（中略）連携及び協力の下に推進されるよう、必要な施策を講ずるものとする。（中略）」として、初めてコンパクトシティ政策の本質である交通と土地利用の一体的整備の必要性が明記された[*7]。

　さらに翌2014年には「都市再生特別措置法」が改正され、各自

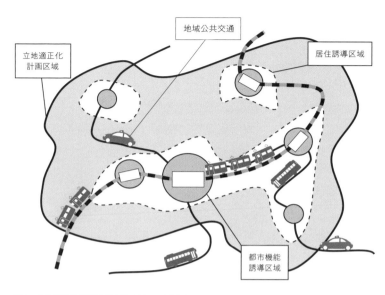

図4 立地適正化計画の概念図（出典：国土交通省のホームページ＊8を参考に作成）

治体が「立地適正化計画」を策定することが可能となった。図4に示すように、市街化区域内で「都市機能誘導区域」と「居住誘導区域」の設定を通じ、都市構造の誘導が試みられるようになった。あわせて移動を担う公共交通側の対応として、公共交通網形成計画の策定が行えるようになった。同年、「地域公共交通の活性化及び再生に関する法律」も都市再生特別措置法にあわせて改正されている。

以上のような制度の整備が進められた結果、2017年の段階で全国の過半数の市町村が都市構造をコンパクトにするための計画を「策定済み、策定中、もしくは計画中」と回答するに至っている。さらに、2019年末までに440都市が立地適正化計画に関する具体的な取り組みを行い、186都市がすでに計画を作成・公表している。

このように近年になって急速に都市をコンパクトにするための制

度整備が進み、各自治体が大急ぎで対応しているというのが実情である。特に都市機能誘導区域では誘導施設に対する一定のインセンティブを設定できることから、各自治体の取り組みに弾みがついている状況である。

なお、2019年には立地適正化計画に関する制度導入から5年が経過したこともあり、国土交通省が実態を見ながら制度の見直しを行っている[9]。そこでは居住誘導区域に関しては誘導を喚起するだけのインセンティブが存在しないことや、2018年に発生した西日本の集中豪雨災害を受け、防災対策機能をどのように有効に組み込むかといったことが論点となった。

また、都市構造の改善という行為自体が国土交通省の守備範囲を超えることが多く含まれるため、国では省庁横断型の協議体制をバックアップしている。そもそも長年続いた右肩上がりの社会に対応した都市計画制度から、人口減少時代への都市計画へと180度視点を変える必要があったわけで、本来は特別措置法の改正といったレベルではなく、都市計画法本体の抜本改正で対応すべき事象であるともいえる。

4 / 多様化する導入目的

先述した通り、2014年の法制度整備以降、立地適正化計画を導入する市町村は増え続けている。ただ、本来その導入が望ましい都市であっても、実際には準備を進めることができていない都市も散見される。また、単に制度があるからそれを導入すればよいという性格のものでもない。都市の特性や構造はそれぞれに異なるので、他の都市の計画をコピーするのではなく、各都市が自らに合った立地

適正化計画を立案する必要がある。日本都市センターが全都市自治体に対して行った調査結果によると、立地適正化計画を策定しているのは比較的規模が大きく、また計画担当部署に一定数以上の技術系担当者が在籍している自治体の割合の高いことが示されている*10。

また、コンパクト化関連制度が整備されて以降、時代が求めるものが変化してきたことに伴い、どのような目的で各自治体が立地適正化計画の上位にある都市マスタープランを策定しているかということも変化してきた。ここでは表1に示す特性の異なる36都市を対象に、1995年から2016年までの間に作成された都市マスタープランの記述をすべて個別に確認することを通じ、その変化の実態を示しておく。なお、この40都市は政府の全国都市交通特性調査の継続調査対象都市として、各規模や地方から偏らないように選ばれた都市群である。

図5に、のべ72本の都市マスタープランの内容を精査した結果を示す。この図が示すように、現状ではすでにほとんどの都市がマスタープランにコンパクトシティを目指すことを書いている。一方

大都市圏都市	札幌	仙台	千葉	横浜
	川崎	名古屋	京都	大阪
	神戸	広島	福岡	北九州
大都市周辺都市	塩竈	所沢	松戸	春日井
	宇治	堺	奈良	呉
地方圏都市	弘前	盛岡	湯沢	郡山
	宇都宮	上越	金沢	山梨
	静岡	岐阜	海南	松江
	安来	徳島	今治	高知
	南国	熊本	人吉	鹿児島

表1　都市マスタープランでのコンパクトシティ採用状況調査対象都市
(出典:＊11)

1章　日本におけるコンパクトシティの課題と解決策　21

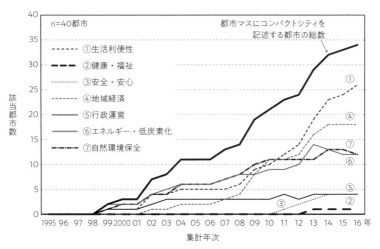

図5　都市マスタープランでのコンパクトシティ政策採用の理由（出典：*11）

で、時代を追うにしたがって何のためにコンパクトシティを目指すのかという目的には一定の変化が見られる。

　国連ブルントラント報告以降、低炭素化の議論からコンパクト化政策がスタートした背景がある通り、2008年までは⑥エネルギー・低炭素化に関する課題を主眼としてコンパクトシティ政策が取り上げられてきた。この後2008年のリーマンショックを経ることにより、①生活利便性の向上、④地域経済の活性化という観点からの導入が環境名目による導入を上回るようになっている。さらに近年では、③安全・安心や②健康・福祉など、個人の意識に直接問いかける政策が以前にも増して着目されていることがわかる。

　環境問題に問いかけるだけでは、行動を起こすだけの十分なインセンティブとすることは難しいということがわかり、環境→地域活性化→個人の健康というように個人の意識に訴えやすい目的にコンパクトシティ政策自体がシフトしてきたことが類推できる。

5 / 残された本質的課題（解決に向けて）

　先述した通り、立地適正化計画の見直しが進められるなど、都市のコンパクト化を実施するための制度にはさまざまな工夫が加えられている。ただ、長い都市づくりの歴史の中で見れば、人口減少型のまちづくりに対する取り組み自体は、まだ極めて歴史が浅いのが実態である。このため、いまだに右肩上がりの社会的慣性力の中での偏った課題把握になっている可能性を否定できない。

　特に本書の「はじめに」でも述べた通り、コンパクトなまちづくりはカンフル剤ではないという点は注意が必要である。以下では、私見も踏まえ、現在一般にはあまり認識されておらず、残されたままになっているいくつかの本質的課題を整理しておく。いずれについても早い段階で手を打っておく必要があると考えられる課題で、そのうちの多くは本書における海外事例がよきヒントになることが期待される。

1）公共交通をサポートすること

　交通政策基本法では交通と土地利用の一体的計画の必要性が強調され、公共交通網形成計画の策定も各所で進んでいる現状から、一見コンパクトなまちを支えるネットワークに関する課題は紙の上では解決されたかのように思える。しかし、各地の公共交通網は乗降客数の減少やドライバー不足も重なり、特に地方都市を中心に路線からの撤退、サービスレベルの低下が進んでいる（写真1）。

　自動車普及率が低かった過去から比較すると、公共交通の利用者が減少し、赤字路線が拡大するのはある意味避けられないことであ

写真1 バス停留所の墓場。縮小が進む公共交通サービスを象徴する風景

る。ただ、だからといってコスト削減のために頻度を減らし、路線をカットし、運賃を上げるなどのサービスレベルを低下させると、当然のことながらますます利用者は減少する。コンパクト＋ネットワークの基軸となる公共交通軸が将来的に維持できないだけでなく、社会福祉の面でも交通弱者の移動手段がなくなるということで問題は深刻である。

　本書で取り上げる海外の諸都市との大きな違いとして、日本では公共交通のサービスレベル向上のために公的な財源がほとんど投入されていないということが挙げられる。いくら公共交通網形成計画を紙の上で作成しても、各自治体の一般会計からその1%を超えるような財源を投入している自治体は稀有である。国からの補助金も残念ながら極めて乏しい。ヨーロッパで土地利用・交通計画の一体化を進めている都市の中には一般財源の10%を公共交通のサービスレベル向上に投下しているところもある。それは、まず公共交通単独での収支を黒字化することが目的なのではなく、まちでの生活や経済活動をトータルで見て黒字化することが明確な目的になっている。その目的を達成するために、自由に乗り降りできるエレベーターをまち中に横向きに配するという発想で公共交通に財源を積極的に投入しているのである。海外の主たるコンパクトシティ成功都

市と日本の都市の間では、まずこの点で大きな隔たりがある。コンパクトシティは単に都市構造単独の問題ではなく、交通側をどうそれに合わせ、実際に機能するように動かしているかということについて、ストラスブール（5章参照）のような事例は参考となろう。

　なお、地方都市は路線バスだけではもたないのではないかという意見に対し、地中海に浮かぶ小国マルタ（人口約40万人）の首都バレッタ（人口約7千人）のケースを参考までに例示しておく（写真2）。バレッタは歴史的都市であり、市内に居住者以外の自動車の乗り入れは禁止されている。交通手段としては、島内から集まる路線バスのターミナルが市の城壁の外側にあるだけであるが、そこから延びる市内のメインストリートは写真2のように終日大変賑わっている。路線バスだけでもサービスレベルを十分に高くすることができれば、まちなかの賑わいの維持は可能なのである。

2)「コンパクト化≠高層化」を理解すること

　ちなみに、写真2で示したバレッタのまちにはタワーマンションなどの高層ビルは存在しない。コンパクトな都市は人口密度が高い都市であるという連想から、往々にして都心部に高層ビルがあれば、それがコンパクトな都市なのだという誤解も生んでいる。ちなみに、2007年の社会資本整備審議会で提供されたコンパクトシティのイメージ図を図6に示す。この図は各所で引用され、コンパクトシティに取り組む者にとってはなじみ深いイラストである。その一方で、この図は単に中心部を高層化すればよいという誤解を与えやすい図でもある。

　既存の研究でも示されている通り、都心部に高層ビルが林立したり、駅周辺部にタワーマンションが建っていたとしても、それが本質的な意味でコンパクトで持続可能な都市であるかというと必ずし

1章　日本におけるコンパクトシティの課題と解決策　25

写真2 バスだけが移動の足である、マルタ・バレッタ中心部の賑わい

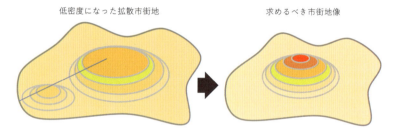

低密度になった拡散市街地　　　　　　求めるべき市街地像

図6　2007年の社会資本整備審議会で示されたコンパクトシティのイメージ図
（出典：国土交通省資料＊12を参考に作成）

もそうではない。たとえば、アメリカのいくつかの大都市は都心部に高層ビルが林立し、外見的には極めてコンパクトに見える。しかし、そこでの居住者の実際の交通行動は、毎日何十キロも離れた郊外の戸建て住宅から自家用車に1人で乗って通勤している場合が少なくない。これは、環境負荷としてはかなり大きな値となる。

　日本においても、まちなかの商業施設が壊滅したところにタワーマンションが立地し、そこに移ってきた住民は郊外のショッピングセンターに都心から逆向きに自動車を運転して買い物に出かけてい

るケースも少なくない。まちなかでの建物の建ち方といった都市の外見以外の人の動きなどの要素も含め、総合的に分析することが求められる。

3) 業務負担を減らすこと

　実際に都市のコンパクト化を実現していくのは、各種の関連法規を準備している中央政府（国）ではなく、各自治体である。すなわち、各自治体の担当者がコンパクトなまちづくりに限界を感じているのであれば、うまく実現するはずがない。

　筆者は実際に地方自治体の行政担当者を対象に、都市のコンパクト化制度の変わり目に2回、「コンパクトシティの実現可能性」をはじめとするいくつかの項目について意識調査をかけたことがある[*13]。第1回目は2007年に社会資本整備審議会でコンパクトシティ整備の答申が出された後、第2回目は2014年に立地適正化計画が策定できるようになった後のタイミングである。調査は5段階評価で行い、「まったく問題ない」が5点、「まったく無理」が1点である。

　この結果として、「コンパクトシティの実現可能性」に関する回答値は2回とも低く、第1回の調査では平均1.67、第2回の調査では平均1.65という結果になった。あわせて質問した「コンパクトシティの意義」「重要性の理解」「担当者としての意識」といった他の項目がいずれも平均3程度であったのに比較し、この実現可能性だけは群を抜いて低い得点であった。第1回と第2回の調査の間には7年間の年月があり、その間にさまざまな広報や制度整備がなされたにもかかわらず、である。

　ただ、話はこれで終わらない。この調査では被験者全員に、「コンパクトシティ政策の実現に何が障害になっているか」ということもあわせて尋ねている。その結果が図7に示す通りである。

1章　日本におけるコンパクトシティの課題と解決策　　27

この結果より、立地適正化計画などが策定できるようになり、コンパクト化のための一定のインセンティブがつくようになったこともあって、制度面1）〜3）の項目についてはこの7年間に障害として取り上げる割合が有意に減少している。また、統計的に有意なレベルではないが、4）〜7）のコンパクトシティに対する理解度に関する項目もこの7年間の間に少しずつではあるが改善が進んでいる。一方で、8）〜10）の実際の業務負担に関連する項目においては、むしろこの間に障害として取りあげられることが増えている。

　これらの結果を総合して考えると、コンパクトシティの整備を進めるにあたっての諸制度は法律改正などで一定程度進捗があり、また周囲の理解度も向上した。しかし、実際に立地適正化計画策定などの作業が始まったため、必要な業務を進めるうえで人手不足の状態に陥っており、コンパクトシティが実現できるかどうかの総合評

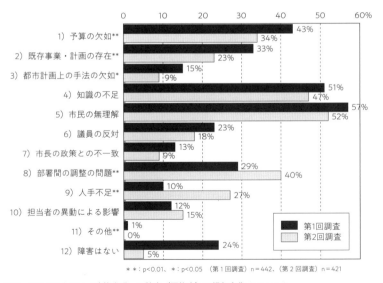

図7　コンパクトシティ政策実現への障害（回答率）の経年変化（出典：*13）

価は年を経ても極めて低いものとなっていることが類推できる。別途実施された日本都市センターによる調査からは、立地適正化計画の策定には専門性を有する技術系職員の有無が影響することが明らかにされている[*10]。これらの結果から、コンパクト化を実際に進めていく担当者をサポートするためのしくみの改善が急務である。

4）広域的視点に立つこと

地方に権限を委譲すること、すなわち地方分権が一つの社会的正義のように語られるようになって久しい。もちろん、まちづくりを実際に進めるうえで地方分権が好ましい部分は少なくない。しかし、コンパクトシティの整備にとって地方分権化は良い結果をもたらさない場合が多い。ちなみに、各市町村は立地適正化計画の上位にある都市マスタープランにおいて、自らの自治体内でどのように拠点とネットワークを配し、コンパクトでかつ活力ある都市空間を実現するかということを図化した都市構造図を作成している。

茨城県を一例とし、各市町村が作成しているその都市構造図を個別に切り出して貼り合わせると、図8のような見事に相互にバラバラのモザイク図が完成する。

この図から明らかな通り、各市町村間では拠点やネットワークの整合性がまったく担保されていない。多くの交通リンクは市町村境界で途切れたり、不整合となっている。拠点も各自治体が自由にランクや記号を決め、それぞれに好きなように配している。そもそも図化するための共通の約束事が一切なく、色使いもそれぞれにバラバラである。市町村間での競争は確かに必要なこともあるが、これでは勝手につくった者勝ちという発想のもと、結局全体としてはバラバラで極めて非効率な圏域しかできあがらない。コンパクトに都市圏を集約すると言っておきながら、単なる無秩序な分散化計画に

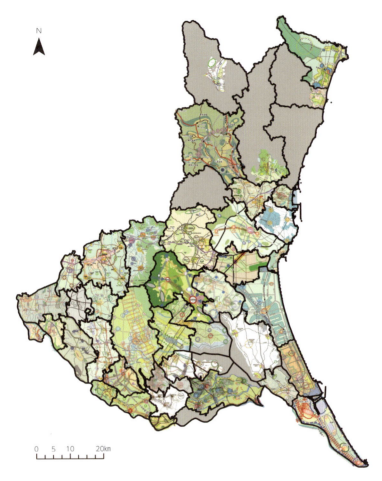

図8 茨城県の各市町村が作成した都市マスタープランにおける都市構造図の連結（出典：＊14）

しかならない。

　自治体や各地区がそれぞれに発展を望んでいることはよくわかるが、だからといってバラバラに計画を進めるのがよいわけではまったくない。広域都市圏でのコンセプトの統一、拠点への集約以前に、

拠点をどう集約するのかが問われている[*15]。広域的な観点に立つ
グリーンベルトの設定なども含め本書で取り上げる複数の都市で関
連する取り組みが行われている。

5）階層的視点から捉えること

　立地適正化計画は国土交通省が管轄する制度であるため、その中
で拠点や誘導区域が設定できるのはいわゆる市街化区域内部に限定
される。一方で、国土全体を見渡した時、市街化区域以外もあわせ
て拠点設定や交通軸のあり方を議論する方が国民の暮らし方に照ら
して自然であり、かつより効率的である。中山間地域などは特に人
口減少が著しく、拠点とネットワークのあり方を周辺の都市域の計
画とあわせて考えることの意義は大きい。これは、図8の各市町村
の縁辺部や、灰色で示される山間部も含め、全域で考えることを意
味する。換言すると、都市計画と国土計画の連続性が求められてい
ると言えよう。

　拠点に着目して考えると、図9に示すように、立地適正化計画で
示されるような「都市型の拠点」と、国土計画の中で示されるよう
な「小さな拠点」、およびさらにその下のランクで「小さな小さな
拠点」とでも呼ぶべき中山間地域の日常生活の拠り所となる場所が、
本来は一貫した視点のもとで提案されて然るべきものである。

　これらの図9に示す拠点階層ごとに、然るべき交通軸と交通サー
ビスをどのように対応させるかという点についてもあわせて審議が
求められる。特に日本では各種交通手段に関するコントロールが海
外の先進都市に比較して希薄で、計画的な視点が弱いために何でも
混在させているのが実態である。具体的には、都市型の上位拠点で
は公共交通サービスと歩行者のみを許すトランジットモールの整備
が期待される。

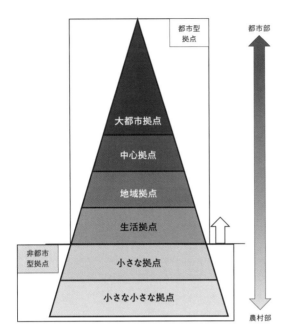

図9 拠点階層のイメージ図（作成：筑波大学谷口守研究室）

　一方で、非都市型拠点の中で事実上公共交通サービスが提供できないところには、自動車型の小さな拠点および「小さな小さな拠点」の整備を許していく判断も必要である。なお、自動車型拠点の判断は安易に行うとさらなる分散化につながるため、細心の注意と客観的な評価が求められる。具体的には、十分な駐車スペースがあり（パーク）、そこに車を停めて1日、周辺拠点で歩いて過ごせるような（ウォーク）、パーク＆ウォーク型の拠点を前提とすべきで、いわゆる幹線道路沿道型の地域はこれには当たらない。それぞれの拠点をいかに歩きやすく滞留しやすくする（walkability）かが大切である。

写真3 日本で最も交通環境負荷が小さく人口密度が高いコンパクトな住区

6）市街地の質を高めること

　本書で取り上げる海外の諸都市の中には、実は日本の同等の規模の都市と比較すると人口密度が低いものも含まれている。単に人口密度のみをコンパクトシティ実現度の目安とするならば、別にわざわざ海外の都市から学ぶ必要は低くなる。

　ちなみに、日本の全国都市交通特性調査の対象となっている全国およそ2千の住宅街区の中で、交通環境負荷が最も低く人口密度が高いのは、写真3に示す、大都市中心部の周辺に広く存在する木造密集市街地である。ここでの居住者は1人暮らしの高齢者の割合が高く、今後空き家問題が深刻化する可能性が高い地区である。また、ひとたび大地震が発生すると、火災により広い範囲が延焼することが予想されている地区でもある。すなわち、すでに日本国内でコンパクトな居住が実現できているところは、実は市街地の質としては問題が多く、何らかの形で手を入れることが必要なのである。

　なお、あまりに居住密度が高まると、逆に生活環境としての息苦しさが生じることも既存研究より確認されている。居住密度が高くなれば、そこから生じるニーズに応えられるだけの社会基盤を質量ともに準備することも重要な課題となる。外国人も含めた多文化共

生のあり方も含め、本書で例示する海外の事例からは、成熟した都市社会においてこのような生活の質とコンパクトな居住の両立をどうするかについて示唆が得られるものが少なくない。

6 / 今後の方向性を考える

　総じて言えば、都市計画の考え方や進め方において、日本はいまだに右肩上がりの時代の名残が各所で残っている。その都市の状況にかかわらず、とにかく右肩上がりに戻すためにカンフルを打つことが暗黙の前提になっているところがあり、また分権化してとにかく競争さえすればよいという発想が根強い。

　これらのことは、個別のコンパクト化政策について議論する以前に日本の都市計画全体に横たわる大きな課題である。特に、国内の都市システムを持続可能な形に導いていくには、競争から協調へとどのように都市計画の考え方のベースとなる部分を時代の流れに照らしてシフトさせていくのか、検討が求められる。その過程の中で、単にタワーマンションを林立させればコンパクトシティができるといった政策導入初期の誤った認識が改められていくことが期待される。一つの考え方として、短期的なKPI（Key Performance Indicator）に判断を委ねるのではなく、都市全体を生命体として見てゆくバイオミメティックスに基づく視点も参考になろう[16]。

　一方で、日本の大都市は国際間の厳しい競争にさらされていることも事実である。本書では紙数の制限より人口増加の著しいアジア・アフリカの都市の事例は含んでいないが、国際間競争という意味では国内都市間の協調とは別次元の議論も一方で必要である。香港、シンガポール、ドバイなどの成長著しい諸都市もそれぞれコンパク

トシティの一形態として成長戦略を内包している。それらは産業振興や通商政策の議論も含めた幅広い検討が必要な領域であるといえる。

* 1 Thomson, J.M., *Great Cities and Their Traffic*, Penguin, 1977
* 2 越川知紘、森本瑛士、谷口守「多様化するコンパクトシティ政策がもたらすクロスセクターベネフィットの可能性」『土木学会論文集 D3』74 巻 5 号、2018
* 3 Dantzig, G. and Saaty, T., *Compact City*, W.H.Freeman and Company, 1973
* 4 Newman, P. and Kenworthy, J., *Cities and Auto-mobile Dependence, Sourcebook*, Gower Technical, 1989
* 5 越川知紘、谷口守「都市別自動車 CO_2 排出量の長期的動向の精査 – 全国都市交通特性調査の 28 年に及ぶ追跡から」『環境システム研究』45 巻、2017
* 6 谷口守「コンパクトシティ論」、近畿都市学会『21 世紀の都市像 – 地域を活かすまちづくり』古今書院、2008
* 7 国土交通省、交通政策基本法のホームページ
* 8 国土交通省、立地適正化計画の意義と役割のホームページ
* 9 国土交通省、都市計画基本問題小委員会のホームページ
*10 日本都市センター「都市自治体による持続可能なモビリティ政策 – まちづくり・公共交通・ICT」2018
*11 越川知紘、森本瑛士、谷口守「コンパクトシティ政策に対する記述と評価の乖離実態 – 都市計画マスタープランに着目して」『都市計画論文集』52 巻 3 号、2017
*12 国土交通省、社会資本整備審議会、都市計画・歴史的風土分科会、都市計画部会、都市交通・市街地整備小委員会「集約型都市構造の実現に向けて」2007
*13 越川知紘、菊池雅彦、谷口守「コンパクトシティ政策に対する認識の経年変化実態 – 地方自治体の都市計画担当者を対象として」『土木学会論文集 D3』73 巻 1 号、2017
*14 森本瑛士、赤星健太郎、結城勲、河内健、谷口守「広域的視点から見る断片化された都市計画の実態 – 市町村マスタープラン連結図より」『土木学会論文集 D3』73 巻 5 号、2017
*15 肥後洋平、森英高、谷口守「「拠点へ集約」から「拠点を集約」へ – 安易なコンパクトシティ政策導入に対する批判的検討」『都市計画論文集』49 巻 3 号、2014
*16 谷口守『生き物から学ぶまちづくり – バイオミメティックスによる都市の生活習慣病対策』コロナ社、2018

2章

オランダ・アムステルダム
──持続可能な経済成長を支える都市政策

片山健介
かたやま・けんすけ

長崎大学総合生産科学域（環境科学系）准教授。1976年生まれ。東京大学工学部卒業。東京大学大学院工学系研究科博士課程修了。東京大学大学院工学系研究科助手・助教・特任講師を経て、2014年より現職。博士（工学）。専門は国土・地域計画。著書に『広域計画と地域の持続可能性』（共著、学芸出版社）、『都市・地域・環境概論』（共著、朝倉書店）、『都市・地域の持続可能性アセスメント』（共著、学芸出版社）など。

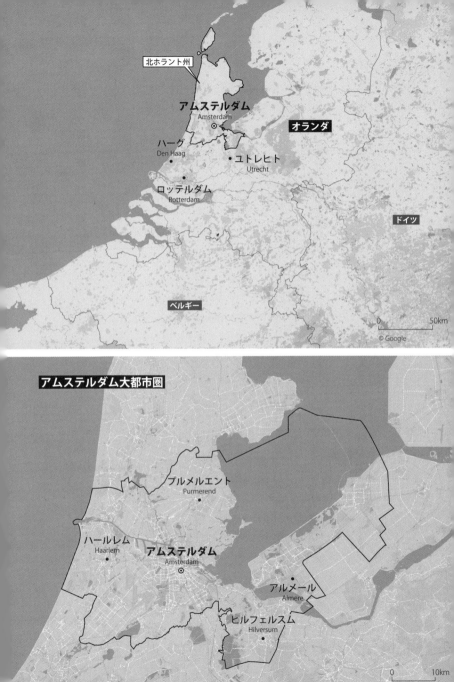

1 / アムステルダムの概要

1.1 サービス・知識産業が牽引する都市

　本章で取りあげるアムステルダム市は、オランダの首都であり、国土の北西部に位置する。

　オランダは日本の九州地方と人口・面積規模が近いと言われることがある。アムステルダム市は面積約 219 ㎢、人口約 85.4 万人（2018年）であり、福岡市（面積約 343 ㎢、人口約 153.8 万人、2015年）に比べると規模は小さい。しかし、アムステルダム市周辺の基礎自治体も含めたアムステルダム大都市圏（Metropoolregio Amsterdam, 図1）は面積約 2,580 ㎢、人口約 245.7 万人（2018年）であり、

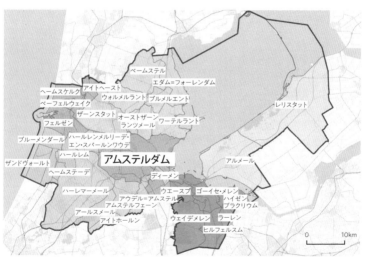

図1　アムステルダム大都市圏（出典：Metropoolregio Amsterdam, Ruimtelijk-economische Actie-Agenda 2016-2020, 2018）

写真1　アムステルダム市街

福岡都市圏（福岡市を含む 17 市町、面積約 1,169 km²、人口約 252 万人、2016 年）と人口はほぼ同規模である。

　よく知られるように、オランダの国会や中央官庁はハーグ市にあるが、アムステルダムはオランダの経済を牽引する都市である。産業の中心はサービス産業（商業、金融）、知識基盤型産業（IT、研究開発部門など）であり、2008 年の金融危機で大きな打撃を受けたが、その後回復し、経済成長が続いている。2016 年には欧州イノベーション首都に選定されるなど、クリエイティブ産業の集積も著しい。最近ではイギリスの EU 離脱問題（Brexit）の影響で、ロンドンからアムステルダムに拠点を移す企業も増えている。

1.2　アムステルダムの空間構造

　アムステルダムの都市形成の歴史は、13 世紀にアイ湾に注ぐアムステル川にダムが建設されたことで始まった。その後、環状型の運河の建設と土地の造成を繰り返しながら市街地が扇形に広がっていった。シンゲル運河の内側の環状運河地区はユネスコの世界遺産にも登録されている。

　写真1は、アムステルダム中央駅からアイ湾を挟んだ対岸にあるアダムタワーから見たアムステルダム市街の様子である。写真手前

写真2　アムステルダム中央駅

写真3　5系統あるメトロ

写真4　自転車の利用率は高い

が中央駅で、公共交通ネットワークの中心となっている（写真2）。

　写真1の奥に見える高層ビル群が、副都心であるザウド地区である。また、中央駅北側対岸のノールド地区や、東部港湾地区にも新しい市街地が広がっている。アムステルダム市から南西にはスキポール国際空港があり、中央駅からは鉄道で約15分で移動することができる。

　アムステルダムの公共交通としては、市内および国内の各地を結ぶオランダ鉄道（NS）、メトロ（5系統、シティ・センター内は地下だが郊外では地上を走る）、路面電車（トラム）、バスがある（写真3）。また、市街地が平坦なため自転車も重要な交通手段となっており、分担率は32%（2013年）と欧州の他都市と比べても突出して高い[1]（写真4）。

2 ／オランダの空間計画制度

2.1　空間計画制度の概要

　オランダは、国（Rijk）、12の州（provincie）、355（2019年1月時点）の基礎自治体（gemeente）の3層の政府構造を有する。

　空間計画に関係する中央省庁には変遷があったが、現在では内務・王室関係省が空間計画制度や住宅政策を、インフラストラクチャー・水環境省がインフラ整備や交通政策、水資源管理を所管している。

　空間計画制度は、「空間計画法（Wet ruimtelijke ordening：Wro）」において規定されている。オランダの空間計画法のルーツは1901年の住宅法にあるといわれ、1965年に住宅法から空間計画法が分離された。

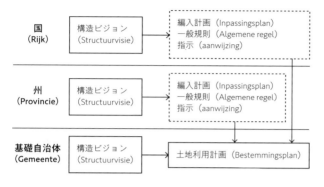

図2 オランダの空間計画体系

　空間計画法は2008年に大幅な改正がなされた[*2]。この法改正は、国から州、基礎自治体への分権化を行う一方で、広域的課題については国および州の権限を強化するという集権化も含んでいた。空間計画体系の概要を図2に示す。

　国、州、基礎自治体は、それぞれの行政区域において意図している開発の概略とその実現のために実施する空間政策の要点を示す「構造ビジョン（Structuurvisie）」を策定する。

　一方、基礎自治体は、何がどこで建設されるべきか、その規模や用途の規則や図を示した「土地利用計画（Bestemmingsplan）」を策定する。土地利用計画は基礎自治体全域を対象とし、私権を制限する。事業者による開発行為は土地利用計画に照らして審査され、適合していれば建設許可を得られる。こうした正式な手続きに加えて、より質の高い空間を実現するために、自治体職員と事業者、住民との間で密接な協議が行われる。

　国の構造ビジョンは国土レベルで重要な主題（アクセシビリティの改善など）、州の構造ビジョンは州の利益に関わる主題（ランドスケープ、都市化と緑地の保全など）を扱う。

構造ビジョンは策定母体のみを拘束するものであるが、国および州は、政令・州令により規則を定めることができ、基礎自治体の土地利用計画に法的な影響力を持つ。また、国および州の利益に関することに限り、「編入計画（Inpassingsplan）」を策定し、基礎自治体の土地利用計画の一部を置き換えることができる。

　なお、2021年には、空間計画法を含む土地利用、インフラ、環境、水管理などに関連する26の法律を一本化した「環境・計画法（Omgevingswet）」が施行される予定である。法改正に伴い、構造ビジョンは新たに「環境ビジョン（Omgevingsvisie）」に置き換えられる。環境ビジョンは物的環境に関する長期的な戦略を示すものであり、構造ビジョンのみならず交通や環境分野の計画も統合したものとなる。基礎自治体レベルでは既存の土地利用計画が一つに統合される。

　環境・計画法の目的は、空間政策・規制が経済開発の妨げになりうるという議論を背景に、複雑化したしくみを簡素化し、市民にとってわかりやすいシステムに変えることであるが、空間計画と自然・環境分野を統合することで、より持続可能な開発につなげていく効果も期待されている。

2.2　オランダの都市づくりの特徴

　「世界は神が創ったが、オランダはオランダ人が造った」と言われるように、オランダの人々は低湿地に堤防を築いて外側に水を排出することで土地を生み出してきた。「オランダ（The Netherlands）」の国名にある「Nederland」とは低い土地という意味であり、オランダは国土の約4分の1が海面下にある低地の国であるため、水位の調整が非常に重要となる。オランダ語で「空間計画（spatial planning）」は「Ruimtelijk Ordening（空間整序）」というが、この用語には貴重な空間を秩序づけることの重要性が読みとれる。

　そして、干拓と治水の長い歴史が、オランダの都市づくりの特徴を形成してきた[*3]。

　その第一は、協議に基づくプランニングである。自然の水をコントロールし、土地を守るためには、早い段階での関係者による協議と合意形成が必要となる。このことは、プランニングにおける垂直的・水平的調整のしくみにもつながっている。

　そして第二は、国土全体の空間を管理することである。限られた空間を効率的かつ持続可能な形で利用することが必要であり、オランダが西欧諸国でも珍しく国土空間政策を持つことにつながっている。そして、コンパクトシティ政策も国土空間政策の中で進められてきた。次節で詳しく見てみよう。

3／オランダの国土空間政策とコンパクトシティ

3.1　国土空間政策の原則

　オランダでは戦後、表1に示すような国土空間政策に関する文書が策定されてきた。

　その背景には、「ランドシュタット（Randstad）」と呼ばれる地域の空間管理をどのようにしていくか、という問題があった。ランドシュタットは、図3に示すように、「グリーンハート（Groene-Hart）」と呼ばれる広大な緑地を取り囲むように、アムステルダム、ハーグ、ロッテルダム、ユトレヒトの4大都市を含む環状都市群が連なっている多核的空間構造を持つ。それぞれの都市間の市街地は

国土計画	策定年	都市化に関する主なコンセプト
第1次空間計画に関する国土政策文書	1960	ランドシュタットの成長戦略
第2次空間計画に関する国土政策文書	1966	集中的分散（concentrated deconcentration）
第3次空間計画に関する国土政策文書	1977	成長センター（growth centres）
第4次空間計画に関する国土政策文書	1988	都市結節点（urban node）
第4次空間計画に関する国土政策文書修正版	1993	VINEX立地、ABC立地政策
国土空間戦略	2006	地方分権化、都市ネットワーク
インフラおよび空間計画に関する構造ビジョン	2012	持続可能な都市化のための手続き
国の環境ビジョン	策定中	

表1　オランダの国土計画

図3　グリーンハート（出典：Ministry of Infrastructure and the Environment, 35 icons of Dutch spatial planning, 2012、一部加工）

2章　オランダ・アムステルダム　45

連担していない。

ランドシュタットはオランダの首都圏ともいうべき地域でもあり、 戦後急速に人口増加と都市化が進むなかで、市街地が拡大し、農業・レクリエーションの観点からも重要なグリーンハートを侵食することへの懸念が高まった。そのため、環状都市群をコンパクトに成長させ、グリーンハートを保全していく、国土空間政策におけるプランニング・ドクトリン（計画の原則）が確立した[*4]。

3.2 コンパクトシティ政策への転換

表1に示した国土空間政策を、特に都市化政策について見ると、1960 〜 70年代には「集中的分散」の考え方に基づく「成長センター」政策がとられていたが、1980年代以降にコンパクトシティ政策に転換したという大きな変化があった。

オランダの人口は1966年当時の1,250万人から2000年には2,000万人に増加し、オランダ南西部の人口は900万人から1,500万人に増えることが予測された。それに伴い、市街地のスプロールが起き、緑地が失われることも懸念された。そのため、第2次国土政策文書（1966年）では、都市を分散させつつそれらをまとめるという「集中的分散型（concentrated deconcentration）」の成長管理の方向性が示された（図4）。小さな村から大都市までさまざまな異なる居住環境の下で、増加する人口を、できるだけ都市地域の近くで収容することが考えられた。

第2次国土政策文書では、ランドシュタットにおいて市街地のあふれだしを一定の調整のもと受け止める場所を指定した。第3次国土政策文書（1977年）では、それを反映する形で、「成長センター（groeikern）」が指定された（図5）。そして、国によって、社会住

宅の建設やインフラ施設等の助成が行われた。

このいわばニュータウンといえる政策は、スプロールを抑制したという評価があるが、一方で問題も生じた。ニュータウンに多くの住宅が建設され、大都市から人口が移住したことにより、大都市では人口が減少、衰退し、インナーシティ問題が発生した。また、職住近接を目指したものの、雇用の移転は進まず、郊外に移住した人々が大都市へ通勤したために、交通渋滞も引き起こした。加えて、1980年代以降のグローバル化によって、大都市を強化する必要にも迫られるようになった。

以上の背景から、第4次国土政策文書（1988年）では、コンパクトシティ政策へと転換することとなった。都市間競争も見据えて大都市の魅力を向上させるための都市再開発が進められた。

また、第4次国土政策文書は環境問題への対応が不十分であるとの政権の認識から、「修正版（VINEX）」が作成された。VINEXでは、環境問題への関心、生活の質の向上、大都市への住宅需要の高まりを受けて、既存都市の近くに大規模住宅地が建設された（「VINEX立地」と呼ばれる）。

また、従業地については、開発地選定に関する「ABC立地政策」が取り入れられた。すなわち、A立地は公共交通機関の利便性が高い場所、B立地は公共交通と自動車でアクセスが可能な場所、C立地は自動車のみでアクセスが可能な場所である。A立地は多くの就業者や訪問者が集まり、自動車利用や物流の少ないオフィスや病院の立地、C立地は従業者は少なく、物流の多い工場や倉庫の立地、B立地はその中間の立地が想定された。しかし、A立地には大規模な駐車場の建設が認められず、事業者にとって自家用車なしでの運営は難しかったなどの理由から、ABC政策はうまく機能しなかった[5]。

2章　オランダ・アムステルダム　47

1990年代からは、国の主要事業として、アムステルダム、ハーグ、ロッテルダムなど中央駅周辺地域で交通、経済、住宅、商業などの複合開発が実施されており、これがコンパクトシティ政策の実例とされている。

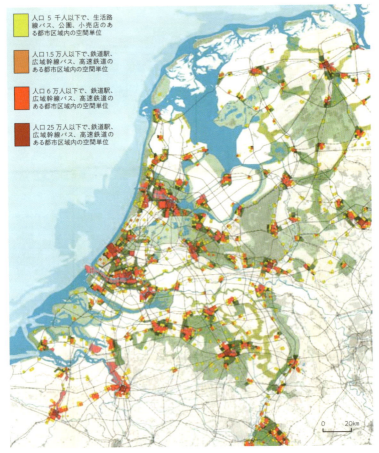

図4　集中的分散政策（出典：Ministry of Infrastructure and the Environment, 35 icons of Dutch spatial planning, 2012）

図5 成長センターの分布
(出典：Ministry of Infrastructure and the Environment, 35 icons of Dutch spatial planning, 2012)

3.3 最近の国土空間政策と国の役割

 2000年代に入り、国土空間政策の役割も変化しつつある。前述したように、1980年代までは国土空間政策は都市開発政策にも大きな影響を及ぼしていたが、2006年の「国土空間戦略（Nota Ruimte）」では、都市ネットワークなどの国土空間構造は示しているものの、国レベルの利害に関わる場合にのみ開発の方向性を決定し、それ以外は下位政府の裁量とすることが示された。

 このことは、現行の国土空間政策文書である「インフラおよび空間計画に関する構造ビジョン（Structuurvisie Infrastructuur en Ruimte：SVIR）」（2012年）でも同様であり、国はもはや都市計画の方向性（都市内部での既成市街地の割合など）を指示することはせず、都市化計画の実行は地方政府に委ねるとされている。

 そのような流れのなかで、コンパクトシティの方針が維持されて

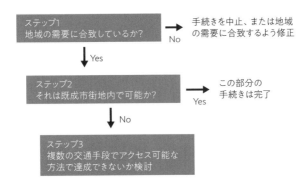

図6 持続可能な都市化のための手続き
（出典：Ministerie van Infrastructuur en Milieu, Handreiking Ladder voor duurzame verstedelijking: Samenvatting, 2012、一部加工）

いる。国土空間戦略では、新たな住宅・商業開発は可能な限り既成市街地およびインフラの内部または近隣で行われなければならないとしている。そしてSVIRでは、州および基礎自治体、民間部門による需要志向型の計画と都市開発によって成長を促進し、人口が減少している地域でも生活のしやすさを維持すること、利用可能な空間を効率的に利用することの重要性が示されるとともに、プランニング・ツールとして「持続可能な都市化のための手続き（ladder voor duurzame verstedelijking）」が導入され、「空間計画指令（Besluit ruimtelijke ordening：BRO）」によって規定された（図6）。

すなわち、

・ステップ1

州および基礎自治体は、新たな都市開発が、広域地域での需要（オフィス、住宅、商業、アメニティ等）に合致しているかを定量的（面積や住宅戸数など）、定性的（環境負荷や居住環境への影響など）に評価する。

・ステップ2

新たな都市開発が広域的な需要に合致している場合、州および基

礎自治体はそれが既存の都市地域内で可能かどうかを評価する。

・ステップ3

　もし既存の都市地域で不十分な場合には、州および基礎自治体は複数の交通手段によって適切にアクセスが可能な方法で達成できないかを評価する。

　ただ、この持続可能な都市化のための手続きは、「新たな都市開発」「現在の広域的な需要」「既存の都市地域」といった用語の意味が明確でなかったことや、広域的な調整、調査の負担などにより実際の適用が難しかったため、2017年に簡素化する形で改定された。目的は変わらないが、ステップ1と2は統合されてステップ3を廃止し、「広域的な需要」という用語も削除された。

　新たな都市開発は、原則として既成市街地内で行うこととし、既成市街地の外側で行おうとする場合にはそれを正当化する詳細な理由がなければならない。この手続きは必ずしも州および基礎自治体が従わなければならないものではないが、大部分の地方政府が取り入れているという。

　国が進めるコンパクトシティ政策の目的は、持続可能な都市づくりにある。空間計画における国の関与は減っているが、実際にはコンパクトシティ政策においても、基礎自治体、州、広域インフラなどに権限のある国が共通のビジョンを共有するために協議をするようになっている[6]。

4 ／アムステルダムのコンパクトシティ政策

　本節では、アムステルダムがどのような都市問題を抱え、それをどのように解決しようとしてきたのかを見ていく。

2章　オランダ・アムステルダム　51

4.1 アムステルダムの都市開発政策の変遷

アムステルダムでは、なぜコンパクトシティ政策に取り組まれるようになったのか。そこにはアムステルダムが直面した現実的な課題があった。

ここでアムステルダムの都市発展の経緯を振り返ってみよう[*7]。図7はアムステルダム市の土地利用現況（2017年）を、図8は、アムステルダム市の市街地の変遷を表している。

前述したように、アムステルダムは運河の建設とともに扇形に市街地が拡がり、17世紀には要塞で囲まれる都市となった。19世紀後半に産業革命が起こると、農村部から労働者が流入し、住宅問題や衛生問題など都市環境が悪化した。そのため、都市計画による市街地拡張が必要となった。

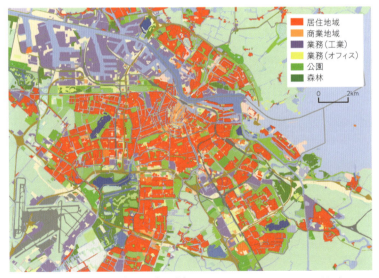

図7　アムステルダム市の土地利用現況（2017年）（出典：City of Amsterdam, Interactive maps、一部加工）

52

1917年には、アムステルダム南部計画が発表された。その後の人口増加に伴って市域が拡張されるとともに、1935年には、住宅法に基づく総合拡張計画が策定された。1924年にアムステルダムで国際会議が開かれ、衛星都市やグリーンベルトなど地域計画に関する7原則が共有されたことはよく知られているが、アムステルダムには郊外に田園都市の建設が可能な適地がなかったため、都市圏内での集中的開発が志向された。空間配置においては、デンマーク・コペンハーゲン市の「フィンガープラン」（3章参照）と類似した、市街地の間に緑地帯がくさびのように入り込んだ空間構造が考えられた。

　アムステルダムは第2次世界大戦で大きな被害を受けた。戦後、住宅需要が増大するなかで住宅不足が深刻化し、西部や南部で社会住宅を中心とした住宅地開発が進められた。しかし、郊外への市街

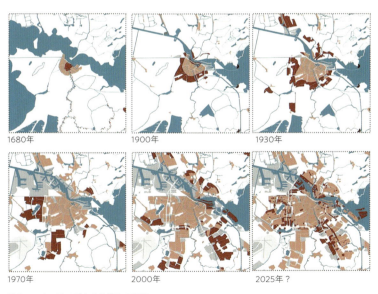

図8　アムステルダムの市街化の変遷
（出典：Gemmente Amsterdam, Tussenrapportage Ruimte voor de Stad: naar een metropool op menselijke maat, 2017、一部加工）

2章　オランダ・アムステルダム　53

地の拡張は、前述したように、ランドシュタットにおける都市のコンパクトな発展とグリーンハートの保全という国土空間政策とは相いれないこととなった。

そこで、国土空間政策における「集中的分散」の方針のもと、アムステルダム市の外側の既存都市が「成長センター」として指定され、人口分散を図る政策がとられることとなった。ランドシュタット北部では、アルメール（写真5）、レリスタット、アルクマールなど、アムステルダムから15km以上離れた場所が指定された。

しかし、成長センターへの人口の流出によって、アムステルダム市の人口は減少してしまった。図9は、1960年から2017年までのアムステルダム大都市圏の人口の推移を示している。このグラフから、1970年代以降アムステルダム市の人口が減少している一方で、アムステルダム市の周辺地域では人口が増加していることがわかる。

また、雇用の分散はうまくいかず、成長センターに住む人々がアムステルダムに通勤したため、交通混雑、大気汚染や騒音などの問題も発生した。また、中産階級が流出した一方で低所得者や移民が大量に中心部に流入し、インナーシティ問題が顕在化した。加えて、

写真5　成長センターに指定されたアルメールの住宅地

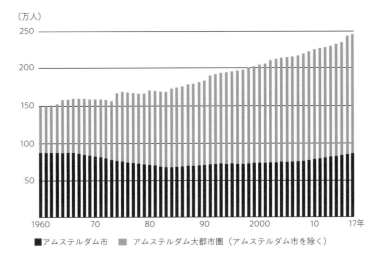

図9　アムステルダム市および大都市圏の人口推移（各年12月31日時点）
（出典：オランダ統計局資料より筆者作成）

欧州統合の動きのなかで、アムステルダムには都市間競争に勝てるだけの都市としての魅力が求められた。

以上の問題を背景に、1980年代以降、アムステルダムの都市開発はコンパクトシティ政策へと転換した。この動きは、前述した国土空間政策とも強く関係している。この時期の「コンパクト」とは、「既成市街地の近く」を意味し、東部港湾地区（写真6）などで再開発事業が行われた。これにより、アムステルダム市の人口は回復した。

その後もコンパクトシティ政策は継続されているが、前述のように、国土空間政策の影響は弱まっており、アムステルダム市および都市圏自らが推進している。では、最近のコンパクトシティ政策はどのような考え方で実施されているのであろうか。

写真6 再開発されたアムステルダム東部港湾地区

4.2 コンパクトシティ政策の考え方

アムステルダム市は、2011年に構造ビジョンを策定している（図10）。ビジョンの基本的な考え方は、経済開発と持続可能性の相互作用、すなわち、きれいな空気や土地、魅力的な緑地空間が人々と企業を惹きつけることにつながるというものである。そのために、高密化によって増加人口を収容してランドスケープの侵食を防ぐこと、単機能地区を混合用途へと転換すること、地域公共交通の拡張、公共空間の質の向上、緑地および水のレクリエーション利用への投資、エネルギー転換を図ることが示されている。

アムステルダム市では、構造ビジョンの実現に向けて、2016年に「針路2025（Koers2025）」を策定し、2017年に中間報告（Tussenrapportage Ruimte voor de Stad: naar een metropool op menselijke maat）を公表している。本項ではこれらの文書から、アムステルダム市におけるコンパクトシティ政策の考え方を読みとってみよう。

アムステルダムの経済は、2008年の金融危機で大きく落ち込んだが、その後回復し、都市としての魅力が高まり、成長を続けている。アムステルダム市内に住んで働きたいという需要は高く、アム

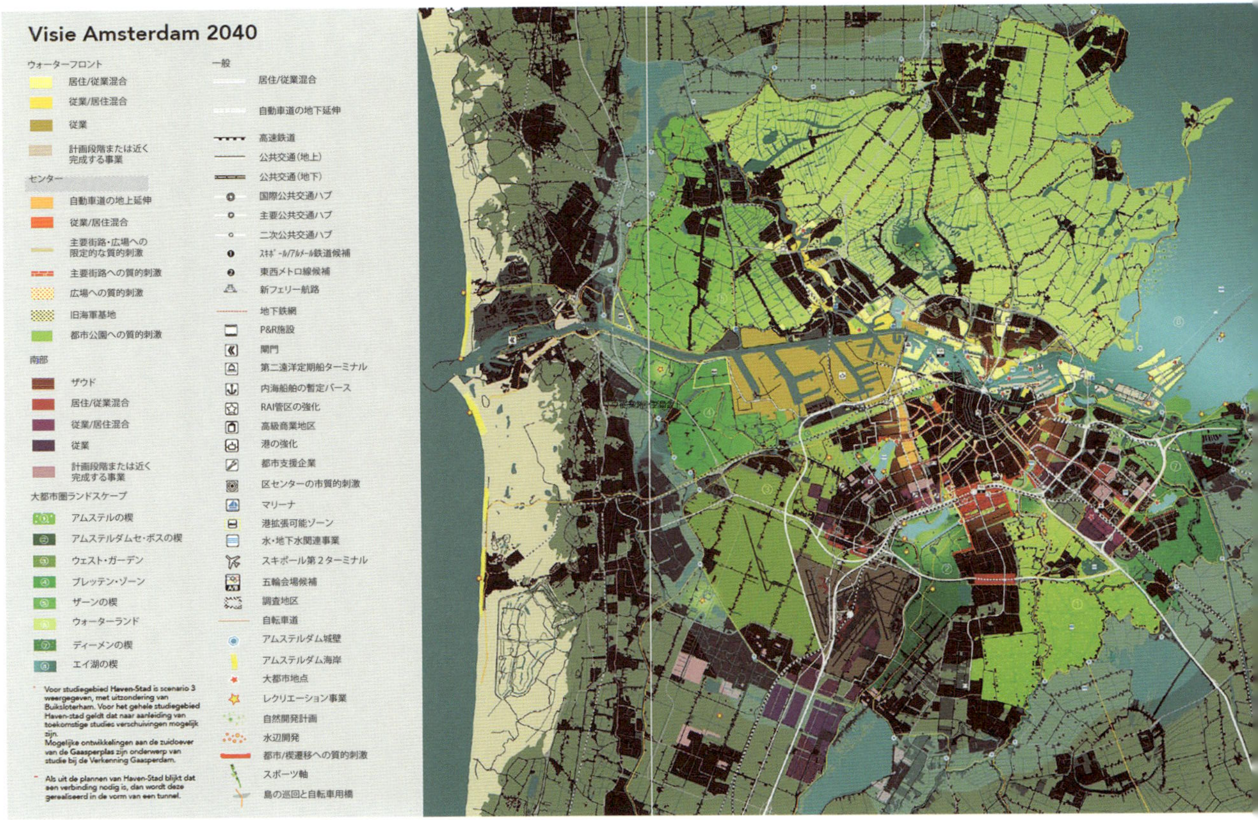

図10 アムステルダム市の構造ビジョン（2011年）（出典：Gemmente Amsterdam, Structuurvisie Amsterdam 2040. 一部加工）

2章 オランダ・アムステルダム 57

ステルダム市では、2025年までに5万2,500戸、2040年までに7万戸の住宅を新たに供給することを目標としており、年間5千戸の開発を計画している。住みよい都市とするために、どう空間を創出するかが検討されている。

コンパクトシティ政策の主要な考え方の一つが「高密化」である。前述したように、1980年代に転換したコンパクトシティ政策は、「既成市街地の近く」という意味であったが、近年のコンパクトシティ政策は、「既成市街地内で」都市開発を行うという点で違いがある。図11に示された市南東部（ベイルメール周辺）、南西部（レリーラーン周辺）、北西部（スローテルデイク周辺）などは今後重点的に再開発を行っていく地区である。これらの地区はすでに開発されているが、高層建築なども低密度に建っており、それらを高密度化することが考えられている。

たとえば、ベイルメール地区は1960～70年代に開発された大規模住宅団地で、その後鉄道駅西側にアリーナが建設されるなど再生事業が進められてきたが、街区内を歩くと、高層ビルの周辺は駐車場になっているなど間隔は広い（写真7）。ただし、「高密化」の形態は、必ずしも高層ビルを林立させるだけでなく、場所によって異なる形態が可能であるとされている。また、高層化は都市景観や公共交通のアクセスにも配慮するとされている。

コンパクトシティ政策のもう一つの考え方が「混合」である。地区をオフィスだけではなく、住宅、商業、都市施設などの混合用途とすることが重視されている。これには、2008年の金融危機で単機能的なオフィス街が大きなダメージを受けたことへの反省がある。

たとえば写真8はザウド地区の様子であるが、1階を商業施設とした高層住宅や、オフィス・住宅・商業の複合ビルが建設中であった。これは、混合用途の地区の方が、住民にも企業にも魅力的であ

写真7　重点再開発地区に指定されたベイルメール地区

写真8　再開発が進むザウド地区

るという考えに基づく。文化、教育、福祉、スポーツなどの都市施設を新たに立地させる場合にはまず開発地区内を優先し、機能を複合化することで空間を集約的に利用することも考えられている。

　開発地区の選定にあたっては、公共交通との近接性も考慮される。前述の重点開発地区はいずれも鉄道・メトロなど公共交通の結節点周辺である。北西部の港湾地区は公共交通が十分でないため、スローテルデイクからメトロを延伸することも検討されている。また、自転車は環境にやさしく安価な交通手段であり、自転車道の拡張も重要な施策の一つとなっている。

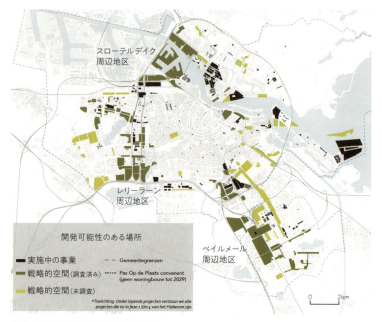

図11　アムステルダムの重点再開発地区

（出典：Gemmente Amsterdam, Tussenrapportage Ruimte voor de Stad: naar een metropool op menselijke maat, 2017、一部加工）

4.3　コンパクトシティ政策の実現手段

　では、このような既成市街地内の高密化・混合用途化というコンパクトシティ政策をどのように実現するのか。

　アムステルダム市が持つ実現手段には、公的なものと私的なものがある。

　前者は土地利用計画によるものであり、既成市街地の外側の開発は州の土地利用規制によって禁止されている（後述）。また、シティ・センターは世界遺産に登録されていることからユネスコの規制がかかっている。

後者は、アムステルダム市が所有する土地を活用したコントロールである。オランダでは、干拓により土地を生み出す役割を公的機関が担うようになり、自治体が土地を所有するようになった。アムステルダム市は市内の約80％の土地を所有しており、この割合は他の都市と比べても高い。市はこの公有地を開発業者に75年間または50年間もしくは恒久的にリースすることによって、収入を得ると同時に、開発をコントロールしやすくなる。企業が広いスペースを必要としていれば、この建物はどうかと、民間事業者と取引をする。また、アムステルダム市では、他の用途と混合できる企業について5段階に分けており、小売（カテゴリー1）は混合できるが、発電所や騒音の大きい事業所など（カテゴリー5）は混合できないなど、企業の特性に応じて混合の可否を判断している。

4.4　北ホラント州の役割

　アムステルダム市は北ホラント州の一部である。前述した空間計画制度のもとで、州はどのような役割を果たしているのだろうか。

　北ホラント州は、新たな環境・計画法に基づく「環境ビジョン」を2018年に先行して策定した。これは「経済成長と生活の質のバランス」を目指した2050年に向けた長期ビジョンである。

　北ホラント州の環境ビジョンにおいても、急速に成長するアムステルダムの都市化をどう誘導するかが重視されている。シティ・センターに住みながら働けるよう、既存のセンター内の公共交通の結節点近くで職住近接・混合の開発を行うこと、交通ネットワークを改善すること、企業にとっての生活と労働の質を高め、ランドスケープを大都市圏システムの一部として保全していくなどの考え方が示されている。これらは部門別政策として具体化されるが、州自ら実

2章　オランダ・アムステルダム　　61

行するものと、関係主体と協働して実現を図るものとがある。

　州は、環境ビジョンを実現するための法的手段として、「州条例（Provinciale Ruimtelijke Verordening：PRV）」を定めている。同条例の中では、国の持続可能な都市化のための手続き（図6）を反映しているが、基礎自治体間の合意など広域的な調整を重視し、新たな都市開発が影響を及ぼしうる地域における合意がなければ、自治体は新規開発のための計画を承認することはできない。また、バッファーゾーンを指定し、住宅、商業等の開発は原則として禁止している（図12）。そのほか、既成市街地内における公共交通の駅周辺整備などの事業に対する補助、住宅開発促進のための助成、さらには専門職が基礎自治体にいない場合に雇用するための助成も行っている。

　しかし、実際の都市開発はできるだけ基礎自治体に委ね、州は必要な時にのみ関与する姿勢である。州の環境ビジョンは、州内の基礎自治体が今後策定する環境ビジョンの大きな枠組みとなる。州は基礎自治体の環境ビジョン策定の初期段階から基礎自治体の担当者と頻繁に協議を重ね、州のビジョンのもとで考えをすり合わせてい

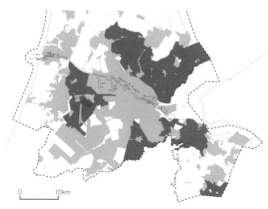

図12　北ホラント州のバッファーゾーン
（出典：Provincie Noord-Holland, Provinciale Ruimtelijke Verordening, 2019、一部加工）

く作業を行っている。基礎自治体による広域連携においても州は調整役を担っており、基礎自治体同士が協議する機会をつくり、最後は条例に基づいて州が最終決定をする。

このように、州は基礎自治体の大枠となる広域的・長期的なビジョンを示し、州内の基礎自治体と初期段階から協議を重ねてビジョンを共有することを第一としている。その上で、最終的に決定したり既成市街地の外側での開発を禁止する法的権限も持ち、広域上位政府としての広域計画、広域調整の役割を有していると言えよう。

ところで、北ホラント州はアムステルダム大都市圏だけでなく、北部に人口減少地域を抱えている。これらの地域では、それぞれの自治体がすべての機能を有することは不可能であることから、長期的な人口データなどをもとに、アルクマールなどの成長センターに指定された都市部に機能を集約し、公共交通ネットワークを整備することによって、周辺地域の住民が利用しやすくするという方針を示している。この点は、日本の人口減少地域における考え方に類似していると言えよう。

4.5　アムステルダム大都市圏における広域連携

アムステルダム市では既成市街地内での開発というコンパクトシティ政策がとられているが、一方で日常的な生活圏域はアムステルダム市域を超えて拡がっている。加えて、アムステルダム市内だけでは、開発のための空間が不足する。

こうした背景から、アムステルダム大都市圏では、アムステルダム市を含む 32 の基礎自治体、二つの州によるインフォーマルな広域連携が行われてきた。

もともとの連携のきっかけは、2001 年の第 5 次国土政策文書案

2章　オランダ・アムステルダム　63

において、ランドシュタット北部で2030年までに15万戸の新規住宅建設目標が示され、どこで開発するかを検討する必要が生じたことである。その後議論は、住宅から交通、地域経済・競争力、オフィス開発、ランドスケープへと拡大し、2007年には、「2040年に向けた開発シナリオ（Ontwikkelingsbeeld Noordvleugel 2040）」が策定された（図13）。

開発シナリオ2040では、多様性の向上と機能の混合、土地利用の活性化と気候変動への対応を原則としている。開発戦略として、都市開発を都市地域内に集中させることが、ランドスケープの保全、都市施設や公共交通の下支え、省エネルギー、モーダル・スプリット（輸送手段のシェア）、土地の有効活用、気候変動への対応力につながり、都市の経済・環境・社会・文化的な多様性と混合が、他

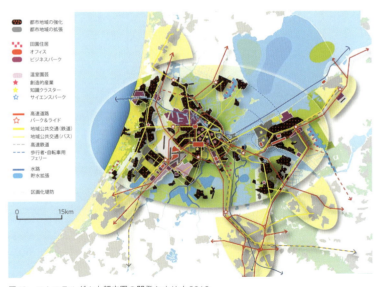

図13　アムステルダム大都市圏の開発シナリオ2040
（出典：Gemmente Amsterdam, PLAN Amsterdam, 2011、一部加工）

の欧州の大都市との国際競争においても強みになるとされている。そして主要戦略として、洪水への安全性やエネルギーの転換、インナーシティや港・空港、公共交通結節点の強化、ランドスケープの保全、統合的な交通システムが示されている。

また開発シナリオ2040では、アルメールからアムステルダム、スキポール空港に近いハーレマーメールを主要な軸としており、この空間構造に基づいて大都市圏内の小地域ごとの2010〜20年の住宅供給配分目標も示された（図14）。

開発シナリオ2040は、広域連携に参加している州、基礎自治体がそれぞれの法定計画に反映させることで実現されるが、アムステルダム市の構造ビジョンのビジョン・マップ（図10）は、近隣自治体の一部も範囲に含めている。これは広域連携の成果として画期

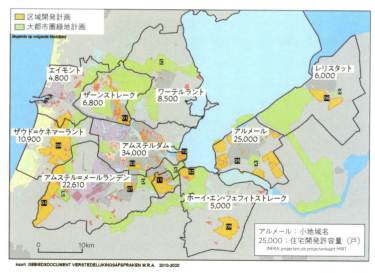

図14　アムステルダム大都市圏における住宅供給配分目標
（出典：Metropoolregio Amsterdam, Verstedelijkingsafspraken 2010-2020,2009、一部加工）

2章　オランダ・アムステルダム　65

的なことである。また、各小地域の住宅開発許容量のモニタリングも毎年行われている。

　なぜ、アムステルダムではこれほどスムーズに広域連携が可能なのか。

　まず、そもそも日常生活圏が複数の基礎自治体に及んでいるという現実がある。そして、コンパクトシティ政策による機能の混合やランドスケープの保全が、生活の質を高め、それが都市の魅力につながり、大都市圏としての活力の向上につながっていくという認識が共有されている。そして広域連携においては、アムステルダム市が主導的な役割を果たしつつ、周辺自治体に対して地域開発に関する助言等を行うなど、丁寧な協議を行ったことも大きい[*8]。

4.6　コンパクトシティ政策の評価と課題

　アムステルダムにおけるコンパクトシティ政策はどのように評価できるだろうか。

　図9からは、アムステルダム市の人口が1980年代後半から回復傾向にあることがわかる。また、近年の経済成長の背景には、生活の質や交通利便性の高さが企業を惹きつけていることがあるとも言われている[*9]。コンパクトシティ政策への転換の背景に、アムステルダム市外への人口流出やインナーシティ問題、都市の国際競争力強化があったことを考えれば、一定の成果を上げていると言えるだろう。

　一方で、課題もある。アムステルダムには国外からも多くの人や企業が流入しており、開発圧力は高い。そのための空間を生み出そうとしているが、それでも不足することが懸念されている。加えて、アムステルダム市内の開発ブームによって住宅価格が高騰してお

り、ジェントリフィケーションの懸念もある。

5 ／ 日本への示唆

　アムステルダムは、国際的な経済状況から人口や企業の立地が増え、成長を続けている。日本のコンパクトシティ論が、主に人口減少、都市縮退をイメージして語られていることを想起すれば、確かに状況は異なっている。では、アムステルダムの経験から、我々は何を学ぶことができるのだろうか。

　第一に、アムステルダム、オランダでは、コンパクトシティがポジティブに語られていることである。アムステルダム市および大都市圏、州、国のビジョンを見ると、コンパクトシティそのものが目標なのではなく、アムステルダムという都市（圏）の持続可能性を高めていくための一方策としてコンパクトシティ政策が位置づけられている。コンパクトシティ政策によって、都市の密度が高まり、多機能化・多様化し、公共交通が使いやすくなり、ランドスケープが保全される。それにより住みやすさ、働きやすさが増し、都市の魅力が向上し、経済の活性化にもつながっていく。この認識が、国、州、大都市圏、市、それぞれのレベルで共有されている。

　アムステルダム大学のジフ・ヘーメル教授は、「コンパクトシティとは物語であり、問題ばかりではなくポジティブなイメージを共有することが重要である」と述べていた[10]。「再構築」という言葉を使っては、誰も賛成などしてくれない。これは成長都市であっても縮小都市であっても同様であろう。自治体の政策担当者のみならずリーダーが、また住民が将来のイメージをポジティブに語れるかが重要である。

2章　オランダ・アムステルダム　　67

第二に、コンパクトシティ政策における広域連携の重要性である。そこには、日常生活圏が市域を超えて拡大しており、都市開発、公共交通の整備、気候変動対策、経済開発において広域的な連携が必要であるという現実がある。同時に、コンパクトシティが地域の活性化につながるという価値が共有できているからこそ、アムステルダム大都市圏における広域連携が、中心都市であるアムステルダム市にとっても、またそれ以外の自治体にとってもメリットがあることとして継続されているのだろう。

　日本で進められている定住自立圏や連携中枢都市圏による市町村間連携は中心市・連携中枢都市が主導するしくみであり、アムステルダム大都市圏の広域連携に見られるアムステルダム市が果たしている役割も参考になる。

　第三に、国および州の役割である。1980年代のコンパクトシティ政策への転換は、国土空間政策によってなされた。その後、国土空間政策の役割は変わってきているが、国は空間計画指令において持続可能な都市化のための手続きを定めている。また、州も州条例に基づく土地利用規制を行っている。これまで言及したように、オランダの空間計画においては協議が非常に重視されている。そのうえで、広域的見地から決定する権限が州にある。その意味で、広域計画、広域上位政府が果たす役割は大きい。

　日本においても、立地適正化計画の策定および実現にあたって広域調整をどのように行うかが課題となっている。都市計画区域マスタープランとの関係や、都道府県との協議を、より実態のあるものとして活用していくことが必要である。

謝辞

　本稿執筆にあたり、リース・ファン・デル・ウーデン氏（Ries van der Wouden、Planbureau voor de Leefomgeving）、マーティン・ファン・デル・マース氏（Martin van der Maas、Gemeente Amsterdam）、アンドレ・ファン・エイク氏（Andre van Eijk、Provicie Noord-Holland）、ポール・コーラス氏（Paul Chorus、Provincie Noord-Holland）、マリーケ・デ・フリース氏（Marieke de Vries、Ministerie van Binnenlandse Zaken en Koninkrijksrelaties）、ヴァンサン・ファン・デル・ガン氏（Vincent van der Gun、Ministerie van Binnenlandse Zaken en Koninkrijksrelaties）、ジフ・ヘーメル教授（Zif Hemel、Universiteit van Amsterdam）からは、2019 年 3 月の現地調査において貴重な情報をいただきました。記して謝意を表します。

＊ 1　PBL Netherlands Environmental Assessment Agency, *Cities in Europe*, 2016

＊ 2　日本都市センター『オランダの都市計画法制－全訳・オランダ空間整序法』日本都市センターブックレット No.27、2012

＊ 3　笠真希「オランダ」、民間都市開発推進機構都市研究センター編『欧米のまちづくり・都市計画制度』（ぎょうせい、2004）、角橋徹『オランダの持続可能な国土・都市づくり』（学芸出版社、2009）。

＊ 4　Faludi, A. and Van der Valk, A., *Rule and Order: Dutch Planning Doctrine in the Twentieth Century*, Kluwer Academic Publishers,1994

＊ 5　Needham, B., *Dutch land use planning*, Sdu Uitgevers, 2007

＊ 6　国は、環境・計画法に基づき、新たな「環境ビジョン（Nationale Omgevingsvisie：NOVI）」の策定準備を進めている。国の役割はプランニングからプロジェクト重視へと変わってきており、VINEX 立地のように国が具体的な都市を指定するものとは異なるが、エネルギー転換や縮退地域など地域を特定した限定的な形で、どう国が支援できるかを検討しているとのことである。

＊ 7　2000 年代初頭までのアムステルダムの都市形成史については、角橋（2009）に詳しい。

＊ 8　片山健介「多核的大都市圏における広域計画とガバナンス形成プロセスに関する研究－オランダ・ランドシュタット大都市圏を事例として」『都市計画論文集』47 巻 2 号、2012

＊ 9　OECD, *The Governance of Land Use in the Netherlands: The Case of Amsterdam*, 2017

＊10　2019 年 3 月のジフ・ヘーメル教授とのミーティングによる。

3章

デンマーク・コペンハーゲン
──駅周辺に都市機能を集約する住宅・交通政策

斉田英子
さいた・えいこ

中央大学法学部兼任講師。株式会社ヒンメル・コンサルティング顧問。1974年生まれ。奈良女子大学大学院博士課程修了。コペンハーゲン大学政治学研究科客員研究員、熊本県立大学環境共生学部准教授を経て、2019年より現職。学術博士。専門は都市居住政策。日本プロコーチ認定評議会アソシエートコーチ。国家資格キャリアコンサルタント。著書に『福祉国家デンマークのまちづくり──共同市民の生活空間』(共著、かもがわ出版)など。

1／コペンハーゲンの概要

1.1　幸福度の高いコンパクトな都市

　本章では、デンマークの首都であるコペンハーゲン市を中心に、コペンハーゲン都市圏（首都レギオン、Hovedstadsområdet、Copenhagen metropolitan area）におけるコンパクトシティ政策について概観する。コペンハーゲン都市圏は、1947年に描かれた「フィンガープラン（Fingerplan）」（後述）にカバーされるエリアであり、コンパクトシティの考え方はフィンガープランがベースとなる（図1）。

　コペンハーゲン市は、面積86.2 ㎢、人口約62.3万人（2019年）であり、シェラン島東部に位置している。コペンハーゲン市中心部から約8km南東に位置するカストラップ空港は、メトロの延伸によって中心部とつながり、アクセスが非常に良い。デンマークについてほとんど事前情報を持たず訪問したとしても、空港から中心部へ、さらに各方面へと各種交通機関を乗り継いで移動することにさほどストレスはない。空港や各駅構内、バス内、まちの随所に置かれている観光案内パンフレットや地図には、シンプルでコンパクトな都市構造と各種交通手段、路線図がわかりやすく示されている。

　コペンハーゲン市といえば、歩行者天国のショッピングストリートであるストロイエ（Strøget）である。市庁舎前広場と観光客に人気の海辺沿いのニューハウン（Nyhavn）周辺とを結び、途中には数箇所の広場があり、縦横に魅力的な通りが交差し、特に夏季のハイシーズンには、世界各国からの観光客で通りは非常に賑わっている（写真1）。

写真1 人々で賑わうニューハウン

図1 コペンハーゲン市およびコペンハーゲン都市圏（首都レギオン）

（出典：The Capital Region of Denmark のホームページ、一部加工）

デンマークはデザイン大国としても有名である。機能や実用性を重視しながら、シンプルで美しくデザインされたプロダクトは世界中に熱狂的なファンを持つ。空港、中心市街地のカフェ、市庁舎等の公共施設のあちこちで、世界的に有名なデザイナーの家具や照明器具等、さまざまなデンマーク・デザインに触れることができる。住宅・都市政策、および各種都市計画事業においても、公共デザインの果たす役割は大きく、デザインに対する意識は専門家ばかりでなく、一般の人々の間にも深く浸透している。

国連が行った幸福度調査で北欧諸国は常に上位入りしており、2016 年に 1 位にランキングされたデンマークでは、「人生が辛い」と感じている人はわずか 1%ということが明らかになった。

なぜ、幸せだとデンマークの人々は自信をもって言えるのか。この類の調査では常にトップレベルなのはなぜなのか。高い税金を支払う代わりに、教育や医療等が無償であり、さらには、老後の生活の不安がないからなのか。

その答えは「ヒュッゲ（hygge）」というデンマーク人独特の価値観によるものであろう。デンマークの人々は、自分にとって心地のよい空間で家族や友人たちと過ごすのんびりとした時間＝ヒュッゲをとても大切にしている。この「ヒュッゲ」という言葉で表現されるデンマーク人の価値観は、彼らのライフスタイルを豊かにし、それは都市空間の計画や設計にも反映されている[1]。

1.2　コペンハーゲン都市圏の概要

歴史を遡ると、19 世紀半ばに至ってもコペンハーゲン市中心部は要塞に囲まれ、13 万人の住民がわずか 3 ㎢の城壁の中に住むという劣悪な居住環境が続いていた。1852 年に湖の外の開発規制が

図2 コペンハーゲン市内における地区区分
(出典：コペンハーゲン市資料、一部加工)

解除されてから、市北部のノアブロ地区、西部のウスタブロ地区の開発が進められていく。

　コペンハーゲン市は10の行政区に分かれている（図2）。それぞれにまちの特徴があり、たとえばノアブロ地区は、多数の移民が集住し、通りにも多国籍感があふれている。また、近年では、市南部のアマー地区、ノーハウン（北港湾地区）やシューハウン（南港湾地区）一帯において、メトロの新規路線、駅整備に合わせて住宅やオフィスビルの建設が急増している[*2]。

　2007年の地方自治体再編成によって、デンマークは五つの広域自治体（Region、レギオン）と98の基礎自治体（Kommune、コムーネ、市に相当）に区分された。「フィンガープラン」にカバーされるコペンハーゲン都市圏（首都レギオン）は、面積約2,568 km²であり、デンマークの総人口約581万人の約3分の1にあたる184万人（2019年）が集住している。コペンハーゲン都市圏は、コペンハー

ゲン市を含めて29の基礎自治体からなり、人口が最も多いのはコペンハーゲン市で、人口が最も少ないのは南部海岸沿いのドラウア市や西部のヴァレンスベック市で1万数千人程度である。コペンハーゲン市を除く28自治体の平均人口は約4万人であり、自治体規模は非常に小さい[*3]。

　コペンハーゲン都市圏自体は、コペンハーゲン市を中心に今後も人口増加が予想されており、2045年までには211万人に達すると見られている。魅力的な都市には企業も人々も集まるという考えが共通認識としてあり、都市圏全体の活性化に力を注ぐ。

　ところで、コペンハーゲンとスウェーデン南部のマルメ市との間に、橋と海底トンネルからなるオアスン海峡橋が2000年に開通してから、コペンハーゲン都市圏が位置するシェラン島とスウェーデン南部とのつながりはいっそう増している。これら一帯は、「グレーター・コペンハーゲン（Greater Copenhagen）」と呼ばれ、国境を越えて、産業、文化、人々の交流を積極的に行っている（図3）。

　一帯は、両国の85の自治体、約430万人が居住しており、北ヨーロッパを牽引すべく、両国の関係者が経済・ビジネス開発の議論を

図3　グレーター・コペンハーゲン（出典：The Capital Region of Denmarkのホームページ、一部加工）

重ねている。生命科学、環境エネルギー、量子技術、ITやビックデータ等の12分野を研究ビジネス開発のターゲットに据え、世界各国から企業や科学者を誘致している。

2 / デンマークの都市計画制度

2.1 根底に流れるユーザー・デモクラシー

北欧の小国デンマークは、高度に成熟した民主国家として教育や社会福祉を充実させてきたことはもちろん、原子力発電の撤退に至るまで、さまざまな野心的な取り組みを実現してきた。環境政策では1985年に原子力発電から撤退し、2011年には2050年に再生可能エネルギー100%を目指す計画が策定されている。カストラップ空港に近い洋上に整然と並ぶ風力発電の風車を見ると、デンマークが未来に向けて都市居住環境づくりを着実に進めるという意思が感じられる。

小国ながらも高い国際競争力を保ち、特に1970年代以降は、徹底した地方分権と利用者が政策策定過程に直接参加する「ユーザー・デモクラシー（Bruger Demokrati）」を発展させ、他の北欧諸国とは異なる独自の思想文化から、高度な社会福祉国家を形成してきた[*4]。

また、社会教育家ハル・コックは、戦後のデンマーク社会のあり方、根底に流れる民主主義を方向づけた[*5]。デンマークにおける民主主義とは、話し合い（対話）と相互理解、および他者に対する尊重に基づく。デンマーク社会では人と人は対等な関係にあり、会社や学校でも、上司と部下、先生と学生といった上下関係に縛られず、

3章　デンマーク・コペンハーゲン　77

年齢、立場に関係なく、対等に対話が重ねられる。こうした対等な人間関係で構築される民主主義は、関わるステークホルダーの多い都市政策の現場においても重視されている。

2.2　2007年計画法の改正

2007年の地方自治体再編成に伴い、計画法（Lov om Planlægning）が改正された（図4）。これまでの計画法は、国、広域自治体、市の三層構造であったが、2007年の改正後は、広域自治体において都市計画を策定することはなくなり、広域自治体ではビジネス開発戦略を中心とした経済計画が主となった。代わりに、国と市はダイレクトにつながり、国に策定する国土計画を軸に、市はそれぞれの実情に合わせて自治体計画や地区計画を策定する[*6]。

国レベルでは、これまで法的な位置づけがなかった「フィンガープラン2007」が計画指示として明示された。

広域自治体では、地域開発計画を策定し、余暇地域を含む自然環

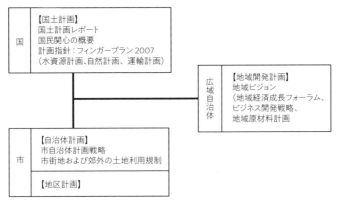

図4　2007年計画法の概要（出典：*6より筆者作成）

境、観光を含むビジネス、雇用、教育、文化等について示す。

　市では、自治体計画（Kommuneplan）と地区計画（Lokalplan）を策定する。2007年の自治体再編成後、最も重要な計画として位置づけられるのは自治体計画である。自治体計画は市全体の都市政策、都市戦略であり、地区計画は個別の事業計画である。

　デンマークの計画法は、徹底した地方分権の下、国、広域自治体、市の各レベルの役割がシンプルかつ明確である。特に市においては、市議会が重要な責任を持つ。また、住民参加は国、広域自治体、市のすべてのレベルにおいて計画段階から守られており、個別の事業等には少なくとも8週間の質問・意見の提出期間が設けられている。

　また、計画法では、コペンハーゲン都市圏は四つの地域（中心市街地、周辺都市地域、緑のくさび地域、その他の地域）に分けられた（後述、図7）。各地域は、フィンガープラン2007に基づき、特に駅周辺における機能集約、公共交通利用の促進、環境への配慮等が強調されている。2007年の自治体再編成において、コペンハーゲン都市圏における交通業務の組織体制が整理、統廃合され、交通政策への取り組みはいっそう強化されている[7]。

3／コペンハーゲン都市圏におけるフィンガープラン

3.1　フィンガープラン1947：成長と拡大の時代

　1847年、最初の鉄道がコペンハーゲンとロスキレ間で開通し、都市開発と産業開発を促した[8]。19世紀半ばから工業生産が発展し、都市圏の人口は33万人に達した。建築における一般的な法はあったものの、それは高さ規制や防火に関する規定であり、包括的な法

図5 フィンガープラン 1947（出典：*9）

は存在しなかった。1930年代のコペンハーゲン市を含む周辺都市の人口は100万人に達し、無秩序な拡大を防ぐため、都市計画家スティン・ラスムッセンやピーター・ブレスドフらのグループによって、1947年、コペンハーゲン都市圏の初めての地域計画となる「フィンガープラン（Fingerplan）」が提案された（図5）。

フィンガープランの基本理念[9]は、コペンハーゲン市を手のひらに見立て、そこから放射状、つまり、5本の指（フィンガー）状に郊外に向けて鉄道を建設し、都市を拡大しようとするものである。主に、既存の道路や鉄道路線に沿って開発が進められた。フィンガーの間は緑地空間として開発が規制され、人々の余暇空間として位置づけられた。フィンガープラン自体は、当時、コペンハーゲン市から周囲15kmを網羅していた。

1950年代以降、経済成長を推し進めるための大規模な住宅建設や都市計画事業が行われた。労働者のためのより良質な住宅建設、老朽した長屋住宅の再開発事業等、大規模なニュータウン開発や交通ネットワークの整備に注力された。

同時に、都市には自動車が急増した。フィンガープランは、自動車利用の増加を想定していなかったことから、新たな近郊電車（S-tog）のルートが示された。しかし、実際には、公共交通利用者

は通勤時間に 45 分以上を要し満足度は決して高くなく、交通網の整備に合わせて、周辺都市における雇用の確保が重視された。

1960 年代に入り、通勤時間および通勤距離の短縮、中心市街地の交通渋滞の緩和、商業・産業の適切な配置、市街地と自然景観のバランスの保全といった課題の解決が求められた。そこでコペンハーゲン市の西部と南西部に二つの新しい中規模都市を設け、10 万戸の住宅を建設し、コペンハーゲン市とその周辺都市間を鉄道で結ぶ計画が出された。コペンハーゲン市に比較的近い南西部エリアで開発が進み、さらに、北部に向けて都市開発が進んでいった。

職住近接の考えは引き続き重視され、各種交通機関は重要な都市にリンクすること、つまり、コペンハーゲン市中心部と各周辺都市とがしっかりと結ばれることが強調された。商業、工業、文化施設等の都市機能の適切な配置も推し進められた。

1970 年代は世界規模の経済停滞の中で、デンマークの都市成長も大きく停滞し失業者も増加した。

1980 年代に入り、コペンハーゲン市では再開発事業が増加し、開発による環境悪化を懸念する声が高まった。専門家ばかりでなく、市民を巻き込んだ対話、公聴会等が重ねられた。また、1989 年にシェラン島とフュン島を結ぶ橋が、2000 年にオアスン海峡橋が開通し、スウェーデン南部を含む広域な都市圏が形成され北ヨーロッパを牽引している。

3.2　フィンガープラン 2007：コンパクト化の時代

1947 年に策定された「フィンガープラン（FP1947）」によって、森、湖、余暇活動地域の自然、歴史的な中心市街地、効率的な公共交通網、魅力的な市街地環境等が整備され、コペンハーゲンの生活環境

の質の高さは企業と人々を惹きつけきた[*10,11]。

しかし、この 60 年間、郊外における住宅地開発と自動車利用の増加による交通渋滞に関しては、その時々の課題に各自治体が対応してきたものの十分ではなかった。FP1947 から現在に至るまでのコペンハーゲン都市圏をめぐる議論を受け、2007 年に打ち出された「フィンガープラン（FP2007）」[*10] において、政府は都市圏の生活の質を高めるために、人々の日常生活圏と働く場所との関係を再考した。

FP2007 の目的は、適切かつ多様な産業配置や住宅建設、既存の市街地の近代化、また、市街地が無秩序に拡大することを回避し、中心市街地、周辺都市一帯、その他の地域が発展すること、施設等の適切な配置と交通網の整備による渋滞の回避、公共交通や自転車利用の増加である。広域的には、グレーター・コペンハーゲン地域全体がさらに発展すること、都市と自然を明確に区別し、自然景観の質をさらに向上させることである。

3.3 駅周辺に都市機能を集約：コンパクトシティ政策

FP2007 では、駅を中心に半径 600m 以内の距離に建物を集中していくことを打ち出している。環境に配慮した施設配置の重要性から、駅周辺には大型オフィスビルや商業施設等を配置し、住宅は駅から離れた位置に建設するよう促している。駅周辺に都市機能を集積させ、人々の生活の質を維持し環境を考慮することで、無秩序な都市開発を制限し、コンパクトなまちを形成することを目指している（図 6）。

ところで、FP2007 は個々の地域の具体的な計画を示しているわけではなく、各自治体に自由裁量を与えている。個別の事業においては、国と市の対話を重視し、首都圏全体の開発につながるよう実

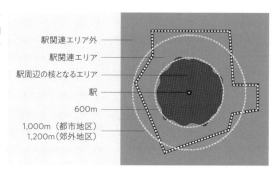

図6 フィンガープラン2007における駅周辺開発計画（出典：*10より筆者作成）

施される。

　コペンハーゲン都市圏の4地域区分（中心市街地、周辺都市地域、緑のくさび地域、その他の地域）のうち、市中心部からフィンガー上に伸びる放射状の鉄道交通網に沿う五つの郊外都市、クア（中心部居住人口3.6万人）、ロスキレ（同4.9万人）、フレデリクスン（同1.6万人）、ヒレロオ（同3.1万人）、ヘルシンガー（同4.6万人）が周辺都市地域にあたる（図7、8）。

　たとえば、ヒレロオ・フィンガー上に位置するコペンハーゲン市近郊のリュンビュ駅は、利用頻度の高い駅の一つであり、駅周辺には商店、オフィスビルがすでに集積しているため、新たな開発可能性は低いとされる。一方、フレデリクスン・フィンガー上に位置するキルデール駅、ガメル・トフトゴー駅周辺における開発は重視されている。

　このように各フィンガー別に駅周辺の現状と課題、開発の見通しについて分析しながら、コペンハーゲン都市圏全体の職住の関係について議論が重ねられている。

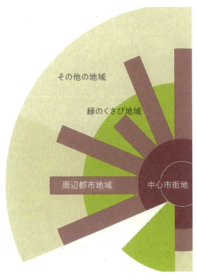 

図7 コペンハーゲン都市圏内の4地域区分　図8 周辺都市地域（出典：*10 より筆者作成）
(出典：*10 より筆者作成)

3.4　コペンハーゲン都市圏を網羅する移動手段

　駅周辺への都市機能の集約は、コペンハーゲン都市圏全体の各種交通機関を充実させることで達成されている（図9）。コペンハーゲンの都市政策は環境政策とイコールでもあり、移動手段の75％を徒歩、自転車、公共交通で担い、市は「世界で最も暮らしやすい都市」を目指している。

　コペンハーゲン都市圏の交通手段としては、市内近郊を走る電車（S-tog）および国内各地を結ぶデンマーク国鉄（DSB）、メトロ（2系統 M1、M2 に続き、環状の M3、およびコペンハーゲン市南港湾地区に M4 が開通予定）、バス（各停バス、特急バス、深夜バス等）があり、現在、後述する次世代型路面電車システム（LRT）の建

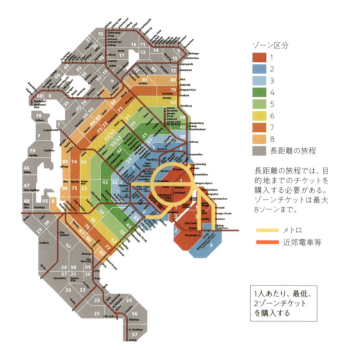

ゾーン区分
- 1
- 2
- 3
- 4
- 5
- 6
- 7
- 8
- 長距離の旅程

長距離の旅程では、目的地までのチケットを購入する必要がある。ゾーンチケットは最大8ゾーンまで。

- メトロ
- 近郊電車等

1人あたり、最低、2ゾーンチケットを購入する

上：図9　メトロ、近郊電車の路線図
（出典：The Copenhagen Metroのホームページ）

右：図10　コペンハーゲン都市圏一帯に広がる自転車道路網
（出典：*11より筆者作成）

- 自転車走行専用レーン
- 既存自転車道
- 計画必要性
- 未結節

0　5km

写真2 中心市街地の自転車道

写真3 中心市街地にある無料駐輪ラック

設が進行中である[*12]。

　また、デンマーク国内には自転車道が徹底して整備され、特にコペンハーゲン市は、自転車専用走行レーンがますます充実してきており、2025年までに世界一の自転車利用都市になるべく、さらなる自転車道の整備、安全性の確保、駐輪環境の充実等が掲げられている[*13]（図10、写真2）。

　FP1947以来、常に議論に挙がる交通渋滞に関して、市、環境関連団体、自転車協会等は、いかに人々を自動車利用から公共交通や自転車利用に促すかを模索してきた。多様な移動手段の充実こそが

人々の生活の質を向上させ、経済成長に結びつくという考えが、行政だけでなく市民の間でも共有されている。

2017年のデータ[*13]によると、コペンハーゲンでは29%の人々が自転車を主な移動手段としており、通勤通学の手段として見ると41%が自転車利用である。企業では、従業員に自転車用ヘルメットを配布して利用を促したり、オフィス内に雨具や濡れた衣服の乾燥室を設けたりする取り組みもある。自転車利用の促進の一環としては、利便性、効率性を考慮して、集約型の大型駐輪場ではなく、コペンハーゲン中心部、ストロイエ周辺に無料の駐輪ラックが至るところに設置されている（写真3）。

3.5 自治体間のネットワークを強化するLRT計画

現在、建設が進められているLRT計画は、2000年前後から検討が始まった。FP2007において改めて強調された交通渋滞の解消や自転車利用の増加等に対して、コペンハーゲン市の外周道路 Ring3 ルートにLRTを建設する案が具体化していく。LRT計画以前は、自治体間の議論はほとんどなかったが、計画プロセスにおいて自治体間、各課の代表が集まっての議論が実質的に始まった。各自治体の事情は複雑であるため、大枠合意であっても詳細な議論になると調整は容易ではなく、全員の合意を得るため議論を重ねた。

2014年に行ったインタビュー調査において、当時のプロジェクトリーダーは、「LRT建設は自治体間のネットワークを強化する試みであり、挑戦だ。LRT建設をきっかけに進む都市開発、住宅開発によって互いにまちの魅力を高めあうことが大切だ」と述べた。また、「ヨーロッパや世界に向けて、LRTが敷かれるエリア一帯が"コペンハーゲン"だと認知されること、国際的な立場を確立する

図 11　LRT ルート
(出典：＊14)

ことも大事だ」と強調している。

　最終的に、2018 年、総長 28km、8 自治体にまたがる 29 駅の路線が決定した（図 11）。LRT は、近郊電車 S-tog の 6 駅と連結し、バス等への乗り換えもスムーズに整備し、公共交通全体の利用者増を狙う。2025 年に開通予定で、LRT 関連での新規雇用は約 4 万人と見積もられている。運行は、平日の日中は 5 分間隔、週末と夜間は 10 分間隔で、1 走行でバス 4 台分の乗客数約 260 人を運ぶ。1 日に 4 万人以上が利用し、4 千人は自家用車から LRT 利用へ転換すると予想されている。車内には、車椅子、ベビーカー、自転車のためのスペースも十分確保されている。

LRTの建設総費用は約62億デンマーククローネ(約1,054億円)、財政負担は、国が40％、市が34％、コペンハーゲン大都市圏が26％である。

4 / コペンハーゲン市のコンパクトシティ政策

　2010年からのコペンハーゲン市の継続調査[*15]によると、市民の都市生活満足度は90％近くに達している。「世界で最も暮らしやすい都市」に近づいていると言えるだろう。

　コペンハーゲン市中心部の運河沿いでは、夏の間、大人や子どもたちが水着姿で日光浴や水遊びをしている。首都の中心部で海水浴を楽しめる都市は他国にはそうないだろう。人々が都市を楽しんで

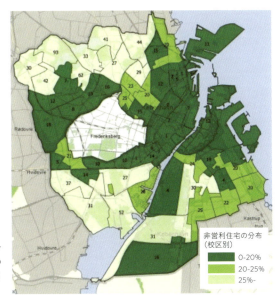

図14　コペンハーゲン市における非営利住宅の分布（出典：*16、一部加工）

いる、その実態こそが、コンパクトシティの成果ではないだろうか。近年の動きを見てみよう。

4.1　住宅建設の動向

2002年にメトロが開通し、コペンハーゲン市南部のアマー地区への路線延伸とともに住宅開発が急速に進んだ（写真4）。2006年頃からコペンハーゲン市内の人口は急増し（図12）、一時は、住宅需給のアンバランスから住宅価格が高騰し、特に低所得者層や学生、若者にとって住宅の確保は非常に困難になっていた。市は、今後も毎年1万人ほどの人口増を予想している。若者や30～40代の働く世代や子どものいる家族層の増加が見込まれ、居住者層も多様化していくことが想定されている（図13）。

多様な人々が集住する都市として、新規住宅供給では量の供給ばかりでなく、質、つまり地域のコミュニティ形成も重視されている。たとえば、デンマークの住宅のうち約20%は非営利の団体によって建設・供給される非営利住宅（Almene boliger、social housing）である（図14）。良質で低家賃の多様な形態の住宅が約6万

写真4　コペンハーゲン市南部のメトロ沿線の開発

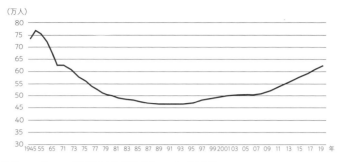

図12　コペンハーゲン市の人口推移（出典：＊3より筆者作成）

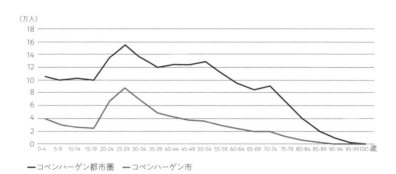

──コペンハーゲン都市圏　──コペンハーゲン市

図13　コペンハーゲン市および都市圏の年齢別人口（2019年）（出典：＊3より筆者作成）

写真5　南港湾地区
シューハウンの住宅

3章　デンマーク・コペンハーゲン　91

戸供給され、約11万人が居住している。そこでは、テナント・デモクラシー（Beboerdemokrati）と呼ばれる独自のしくみで運営されており、居住者自らが居住環境の改善や向上、コミュニティ形成に直接関わっている[17]。

非営利住宅を含む大規模な住宅地開発地区としては、コペンハーゲン市北港湾地区のノーハウンや南港湾地区のシューハウンがある（写真5）。単身の若者、学生に向けたコンパクトな住宅も数多く提供され、地区に通じるメトロの開通と合わせて注目の地区である。

4.2　公共交通網の充実と職住近接

統計データから人々の通勤事情を概観すると、コペンハーゲン市民は、市内を中心に近郊の都市へ通勤する人が大半であり、移動距離は平均12kmほどである。より郊外に居住している人々は、居住都市やその近郊周辺都市へと通勤する状況である。コペンハーゲン都市圏全体として、多くがコペンハーゲン市中心部に向けて通勤するという極端な一極集中は見られない。

LRT建設計画のなかでも、郊外に点在する大学、拠点病院、大規模工業団地、サッカースタジアム等の既存施設が縦横につながるよう、通勤等への利便性や企業誘致が活性化するよう、議論が交わされている。コペンハーゲン都市圏内に企業のオフィスが点在しており、交通網の充実により自家用車通勤からの乗り換えを積極的に促していく予定である。

4.3　市街地開発事業の狙い

近年のコペンハーゲン市の都市開発事業には大きく二つのタイプ

上：写真6 地域の家としてリノベーションされたアブサロン教会
下：写真7 屋外でのんびり過ごす人々

3章 デンマーク・コペンハーゲン 93

がある。

　一つは、住宅・建物の建設・修復や改善である。たとえば、市内に点在するいくつかの教会が閉鎖し、学生寮や地域の集いの場としてリノベーションされている（写真6）。若者、学生層への住宅支援、多様な住民のつながりの場として非常に興味深い取り組みである。もう一つは、エリアの再整備である。人々が公園、広場、ショッピングストリートといった屋外空間で、いかに自宅の延長のようにリラックスして過ごせるかが重視され、豊かな屋外空間の創出に取り組まれている（写真7）。

　コペンハーゲン市の調査[*15]において、市民は、屋外で過ごしたいと思う要因に、都市内の車の減少やベンチ、草花、緑地等の増加を挙げている。市は、通勤、通学、買い物等で自宅と目的地を移動するだけの生活ではなく、人々が出会い、立ち止まり、座り、お喋りをするような機会が生まれる都市を目指している。都市のオープンスペースでは、マーケットが開催され、レクレーション等の各種イベントに人々が集い、コーヒーやスナック菓子の移動販売も出店する。そうしたアクティビティが都市を魅力的にする。コペンハーゲン市の中心部では、大小さまざまなイベントが夏季を中心に年間1,400以上も実施されており、市の周辺部のまちのイベント数も含めると、2010年から倍増している。ベンチでは何をするでもなくただ時間を過ごしたり、休んだりする、とにかく人がまちに出ている風景がコペンハーゲンらしい都市の魅力となっている[*15]。

5／日本への示唆

　コペンハーゲン都市圏の都市計画理念である「フィンガープラン」

は、1947年に策定以降、現代も受け継がれている。その名前の通り、手のひら部分をコペンハーゲン中心部に見立て、そこから伸びるフィンガー（指）状に鉄道を敷き、地方都市を配置している。シンプルでわかりやすく、各自治体が駅を中心にコンパクトにまとまっているまちを想起するにはとても良い絵だ。

　国の規模も、各自治体の規模も日本と比べると極端に小さいため、「小さい国（自治体）だからできる」と言われることがしばしばある。「人口が少ないので議論がしやすく、意見がまとまりやすいに違いない」との意見も聞かれる。

　果たして、私たちはコペンハーゲンの取り組みから、何を学べるだろうか。

　第一に、コペンハーゲン都市圏のコンパクトシティ論は、環境にやさしいまち、カーボン・ニュートラルな都市を目指す責任と、人々の生活の質を維持・向上させることが中心にあることである。

　デンマークでは人口減少社会、高齢社会を前提にした議論はほとんど見られない。「人々のための都市」から「人々と共につくる都市」へと変化しながら、国、各行政機関、企業、市民それぞれが、暮らしやすさを追求し、都市の魅力向上に努めている。移民等を含めさまざまな社会・文化背景を持つ人々の価値観が多様化しているからこそ、どのようなライフスタイルを目指すかの議論が続けられている。1人1人が最適な移動手段や住宅を自由に選択できる都市は、市民はもちろん、世界中の人々や企業を魅了する。

　そして第二に、「生活の質の向上」「暮らしやすさ」「都市の魅力」等という、一般的で抽象的になりがちな言葉や、実質的な成果が見えにくい目標に対して、一貫して揺らぐことなく、各政策、個別事業に落とし込み、市民と共有し着実に実行していることである。

　コペンハーゲン市のさまざまな資料には、室内で1人過ごすこと

3章　デンマーク・コペンハーゲン　　95

も穏やかで心地よいけれど、まちを散策したり近隣へ買い物に出かけたりすることも楽しいと思えること、屋外には広場やベンチがあり休憩ができ、何かしらのイベントが行われていること、空気や水が綺麗で心地よいこと、自動車ではなく歩きながらまちを感じ楽しめる都市であること等、人々の心地よい生活が描かれている。

　そのために、環境に配慮し、多様性を包摂する住宅・建物の建設・修復や改善、エリア再整備事業が実施されている。暮らしのニーズをくみ取り、生活の質の向上を貪欲に求め、試行錯誤し、民主的な議論を通して進みながら修正し、実践するのがデンマーク流である。コペンハーゲン市の魅力向上がコペンハーゲン都市圏、さらにはグレーター・コペンハーゲンの広域圏における経済成長にもつながっている。

　第三に、徹底した地方分権と合わせて、自治体間の連携がある。2000年前後に議論がスタートしたLRT建設計画プロセスにおいて、自治体間の担当者同士の妥協なき議論が続けられた。当然、時間を要し、時に困難を伴うものの、議論自体を有意義なこととして挑戦が続けられた。居住人口の増加や企業誘致等、パイの奪い合いではなく、結果的にwin-winの成果を生み出すにはどうしたらいいかが議論の中で共有されている。多様な人々が誠実に考え、対話が繰り返されるなかから、目指す生活環境とそれを実現する社会のビジョンが構築されている。

＊1　中島明子編著『デンマークのヒュッゲな生活空間－住まい・高齢者住宅・デザイン・都市計画』萌文社、2014
＊2　都市と港湾の開発については、BY & HAVNのホームページを参照
＊3　Statistic Denmark, Statistical Yearbook 2017, 2017
＊4　朝野賢司、生田京子、西英子、原田亜紀子、福島容子『デンマークのユーザー・デモクラシー－福祉・環境・まちづくりからみる地方分権社会』新評論、2005
＊5　N.F.S.グルントヴィ著、小池直直人訳『生の啓蒙』風媒社、2011

＊6　Danish Ministry of the Environment Nature Agency, Spatial Planning in Denmark, 2012

＊7　西英子、中西仁美「デンマークの新たな地方自治体再編成と交通計画に関する研究」『日本建築学会技術報告集』14 巻 28 号、2008

＊8　西英子「コペンハーゲン大都市圏の計画理念と都市成長戦略に関する研究」『日本建築学会計画系論文集』575 号、2004

＊9　Dansk Byplanlaboratorium, SKITSEFORSLAG TIL EGNSPLAN FOR STORKØBEN-HAVN, 1947

＊10　Miljøministeriet, Fingerplan 2007 Landsplandirektiv for hovedstadområdets planlægning, 2007

＊11　Ministry of the environment, The Finger Plan　A Strategy for the development of the Greater Copenhagen Area, 2015

＊12　西英子、梶田佳孝「コペンハーゲン大都市圏におけるライトレイルの役割と導入プロセスに関する研究」『日本建築学会技術報告集』22 巻 50 号、2016

＊13　City of Copenhagen, COPENHAGEN CITY OF CYCLISTS FACTS & FIGURTES 2017, 2017

＊14　Erhvervsstyrelsen Planlægning og Byudvikling, Fingerplan 2017 Landsplandirektiv for hovedstadsområdets planlægning, 2017

＊15　City of Copenhagen, URBAN LIFE ACOUNT -Trends in Copenhagen's urban life 2015, 2015

＊16　Almene Boliger på vej i København, 2018

＊17　小池直人、西英子『福祉国家 デンマークのまちづくり－共同市民の生活空間』かもがわ出版、2007

3章　デンマーク・コペンハーゲン　**97**

4章

ドイツ・ベルリン
—サービスやインフラへのアクセスを確保する拠点づくり

髙見淳史
たかみ・きよし
東京大学大学院工学系研究科都市工学専攻准教授。1972年生まれ。東京大学大学院工学系研究科都市工学専攻修士課程修了、博士課程中退。東京都立大学大学院工学研究科助手、東京大学大学院工学系研究科助教などを経て、2015年より現職。博士（工学）。専門は都市交通計画、特に交通と土地利用の統合的計画。著書に『都市計画学—変化に対応するプランニング』（共著、学芸出版社）など。

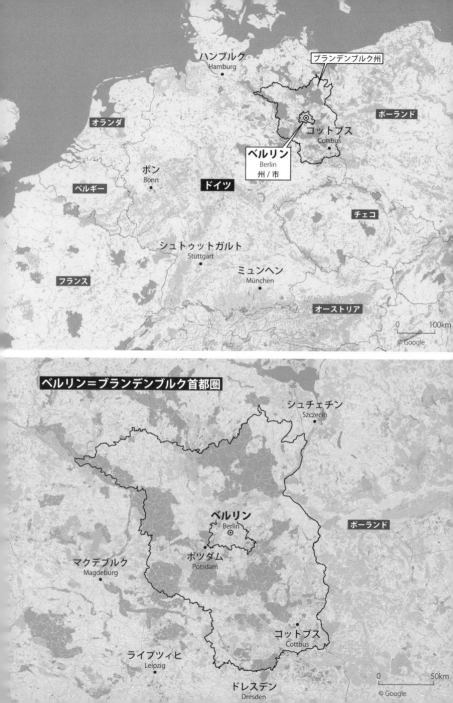

1 ベルリン゠ブランデンブルク首都圏の概要

　ドイツの首都・ベルリンは国内最大の都市であることは言うに及ばず、欧州で市域人口はロンドンに次ぐ第2位、経済協力開発機構の定義する機能的都市圏（Functional Urban Area）の人口では第5位（2015年）と、国際的に見ても規模の大きい枢要な都市である。市であると同時に同国を構成する16の連邦州の一つでもあり、市域を取り囲むブランデンブルク州とあわせた都市圏は「ベルリン゠ブランデンブルク首都圏（Hauptstadtregion Berlin-Brandenburg）」と称され、東にポーランドと国境を接して位置している（図1）。旧西ドイツの首都であったボンと連邦の行政機能を分けあってはいるが、ベルリンは首都としてドイツの政治の中心であると同時に、首都圏の中心都市でもある。本章ではこのベルリン゠ブランデ

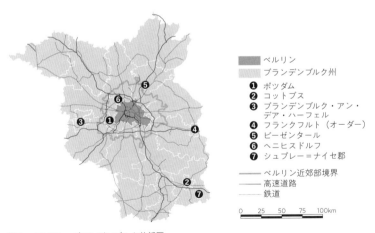

図1　ベルリン゠ブランデンブルク首都圏
（出典：©GeoBasis-DE / BKG 2011、OpenStreetMap©OpenStreetMap contributors、OpenRailwayMap のデータより筆者作成）

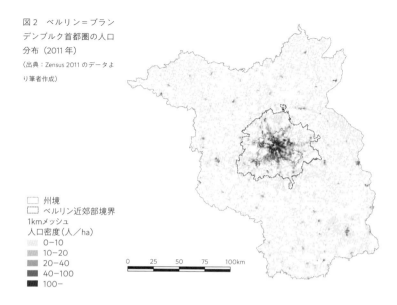

図2　ベルリン＝ブランデンブルク首都圏の人口分布（2011年）
（出典：Zensus 2011 のデータより筆者作成）

ンブルク首都圏の中心地システムに主に着目し、都市のコンパクト化政策を紹介する。

　2017年時点でベルリンは約900 km²の区域におよそ360万の人口を、ブランデンブルク州は約3万km²の区域におよそ250万（うち図1に示すベルリン近郊部に100万弱）の人口を擁する。日本の関東一都六県に比べると面積はやや狭く、人口はおよそ7分の1である。市街化が進んでいるベルリン（写真1）に対し、ブランデンブルク州では農地と森林が面積の8割超を占め、対照的な土地利用が展開されている。人口はベルリンに一極集中しており、ベルリン近郊部のポツダムや遠郊部のコットブス、ブランデンブルク・アン・デア・ハーフェル、フランクフルト（オーダー）といった郡独立市にやや大きな集積があるほか、小さな集積がいくつか見られるものの、ほとんどは非常に低密な区域が広がっている（図2、写真2）。

上：写真1　ベルリンの中心商業地・フリードリヒ通り（©hanohiki / Shutterstock.com）
下：写真2　ベルリン遠郊部・ビーゼンタール。かつては基礎中心地（後述）に指定されていた
（©Tilo G / Shutterstock.com）

交通に関しては、図1に示すように、国内他都市や国外とつながる放射環状の高速道路や鉄道のネットワークを備えている。図2と見比べると、郊外部の人口集積のほとんどは鉄道の結節点や沿線に位置することがわかる。さらにベルリン市内で地下鉄が、またベルリンや前述の郡独立市などでトラムが運行されている。これらを含む地域公共交通は多数の事業者により運行されているが、運営はベルリン＝ブランデンブルク運輸連合（Verkehrsverbund Berlin-Brandenburg）のもとで一体的に行われている。

2／地方行政の体系と空間計画のしくみ

2.1　地方行政の体系

　ベルリン＝ブランデンブルク首都圏の行政体系を図3に示す。ベ

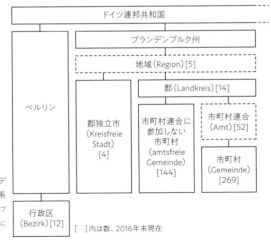

図3　ベルリン＝ブランデンブルク首都圏の行政体系
（出典：ベルリン＝ブランデンブルク共同空間計画局*1をもとに筆者作成）

[　]内は数、2016年末現在

4章　ドイツ・ベルリン　103

ルリンは先述の通り、市であると同時に州でもあるが、その下には12 の行政区が置かれ、区内の行政を自治の原則に従って分担している。これに比べてブランデンブルク州の行政体系はやや複雑である。州のすぐ下のレベルの行政区域として郡と、郡に属さない郡独立市がある。郡は市町村により構成されるが、小規模な市町村などは法的には独立しながらも共同で行政サービスを実施するため、市町村連合を形成する場合がある。ただし、都市計画に関わる事項は市町村が責任を持つ。東西ドイツ統一以来進められてきた市町村合併により、ブランデンブルク州では極端に人口の少ない自治体は減少してきたが、2017 年時点でも 417 市町村のうち 223 市町村が人口 2,000 人未満と、小規模な市町村は未だ多数存在している。

2.2　空間計画のしくみ

　もともと旧西ドイツでは日本より早くから人口増加の鈍化が見られ、それに備えた都市計画の制度が整備され、政策が実施されてきた。ドイツ連邦共和国に新しい州として加入する形で統一した旧東ドイツもこの制度と政策を受け継いでいる。基本的には、空間整備への連邦の関与は限定的であり、州が州レベルの空間計画を、市町村が自市町村の都市計画を、それぞれ担う。

　連邦が行っていることの一つは、日本の都市計画法にあたる建設法典（Baugesetzbuch）によって市町村の都市計画（Bauleitplan）の枠組みを定めることである。すなわち、市町村の都市計画が土地利用計画（Flächennutzungsplan、F プラン）と地区詳細計画（Bebauungsplan、B プラン）の二つのレベルから構成されることを規定している。

　F プランは市町村の全域を対象に、建築用地の一般的なあるいは

特定された用途と密度、公共・民間のサービス施設用地、主要な交通や水道・エネルギーといったインフラ施設用地、緑地、農業用地・森林などを定める計画であり、建築行為への法的拘束力を持たない。

BプランはFプランから展開される、地区スケールを対象にした詳細な都市計画で、市町村（ベルリンでは行政区）が条例として定め建築行為を法的に拘束する。建築行為は原則的にはBプランの区域と内容に沿ってしか行えない。しかし、市町村域の中でBプランが策定されている範囲は通常極めて限られており、連坦した市街地が形成されていると条例で定められた区域（以下、連坦市街地）では、Bプランが定められていなくとも近隣の市街地環境との調和などを条件として建築が認められる。

連邦はまた、国土整備法（Raumordnungsgesetz）により広域の空間計画の枠組みを設定している。すなわち、州の全域を対象とする空間計画と、州を複数に分割した地域を対象とする地域計画が策定され、それらの計画の中で、それぞれの対象区域における市街地の構造、オープンスペースの構造、交通インフラや供給・処理インフラなどの場所が示される。

BプランがFプランから展開されるのと同様に、地域計画は州域の空間計画から展開される。また、市町村の都市計画は広域の空間計画の目的に適合しなければならない。このように下位の計画がより広い範囲を対象とする上位計画の条件や要求に合致するよう求められるのと同時に、上位計画が下位計画側の条件や要求を考慮するよう求められることも、連邦国土整備法によって規定されている。「対流の原則」と呼ばれるこの規定に基づき、市町村が広域の空間計画の策定手続きに参加するしくみになっている。

ベルリン＝ブランデンブルク首都圏では、1996年に両州が設置したベルリン＝ブランデンブルク共同空間計画局が州域の空間計画

に相当する計画を首都圏として一体的に策定する体制がとられている。地域計画は、ブランデンブルク州では五つの地域それぞれについて郡と郡独立市が参加する地域計画組合により策定され、共同空間計画局が承認している。ベルリンでは地域計画は策定されず、Ｆプランが地域計画の機能を担う。

　連邦は以上の計画制度を定めるだけでなく、広域の空間計画や市町村の都市計画の目標や原則、方向性に関する指針も法律で与えている。コンパクトシティに関連の深い例を挙げると、建設法典では制定された 1986 年当初から「土地は、節約して、かつ、大切に扱うものとする」とする条項（いわゆる「土地節約条項」）が導入され、今日に至るまで郊外開発を抑制する方向で拡充されてきている[*2]。また、市町村の都市計画で特に考慮すべき事項の一つに旅客・貨物交通や人々のモビリティが挙げられており、さらには交通量の抑制・削減を狙いとした都市整備にも特段の注意を払うこととされている。指針はあくまで指針であって、他の考慮事項との兼ね合い次第で必ず遵守しなければならないものではないが、連邦として空間計画を方向づける役割を果たしている。

2.3　中心地システム

　ドイツでは全国・全地域で「同等の生活条件」を確立することが古くから政策目標とされ、東西統一後も維持されてきた。日本の憲法にあたるドイツ基本法にも記載のある、連邦として重要度の高い目標である。空間整備の文脈における「同等の生活条件」の主な意味は、多様なサービスやインフラへのアクセスの観点での同等性である。連邦が国土整備法で示している空間計画の原則には次のような記述がある[*3]。

写真3 上は上位中心地ポツダム（ブランデンブルガー通り）、下は中位中心地ヘニヒスドルフ（ハーフェル通り）の商業地

上位中心地 （Oberzentrum）	・より高度な超地域スケールの機能を担う ・中位中心地・基礎中心地の機能に加え、たとえば大学、専門的な健康医療施設、劇場やオペラハウス、スポーツスタジアム ・労働市場の中心としての機能、地域を越える交通リンクの機能も非常に重要
中位中心地 （Mittelzentrum）	・基礎中心地に比べて高度な地域スケールの機能を担う ・基礎中心地の機能に加え、たとえば普通教育／職業教育訓練施設、社会的サービス、より大きなレクリエーション／スポーツ施設。役所、中等学校、裁判所、高等な医療施設、大型小売店舗などが立地することも ・労働市場の中心としての機能、地域の交通リンクの機能も重要
基礎中心地 （Grundzentrum）	・ローカルな範囲の基礎的機能を担う ・たとえば基礎学校、スポーツ／レジャー施設、医院、薬局、ローカルな小売店その他のサービス。中等学校、医療センターなどのより高度な施設を含むことも ・交通に関して、中位中心地との接続や後背圏からのアクセスの機能を担う

表1 中心地の構成と機能の例（出典：空間整備閣僚会議＊4）

「人々に関係のあるサービスやインフラの供給、とりわけあらゆる人口集団にとっての基礎的なサービスや施設へのアクセス性が十分に確保され、どのエリアにも平等な機会が保障されなければならない。これは人口が疎に居住する地域にも当てはまる。…(以下略)」

「中心地システム（Zentrale-Orte-System）」はこれを実現することを目指した空間計画上の概念でありツールである。中心地とは後背圏に提供される多様な機能・サービスが集積する場所（たとえば写真3）のことで、ここで言う機能・サービスは公共と民間の別を問わず、行政、教育、保健、文化、商業などに加えて地域交通の結節点の機能をも含む。そして、複数の階層からなる中心地とその後背圏の一連の体系や配置を指して中心地システムと呼ぶ。

空間整備閣僚会議は1968年、中心地システムを上位中心地－中位中心地－下位中心地－小中心地の4階層構成とし、後に上位・中位中心地の設定基準も定めた。さらに後年、それらは改められ、2016年に閣僚会議が例示したところによると、表1に示す3階層の構成と機能を備えることを基本とし、なかでも機会を等しく保障する観点からは中位中心地が特に重要とされる[*4]。中心地の具体の設定基準は現在では州レベルに委ねられている。

中心地は、広域の空間計画において示すべき市街地の構造の一部に含まれることが連邦国土整備法で規定されている。州域の空間計画や地域計画で中心地は市町村またはその一部区域を単位として指定され、それ以上の空間的な詳細は示されない。また、ドイツでは市町村ごとの財政の均衡を図るために、州から市町村へ交付金を交付する制度があるが、中心地を有することによる財政需要の増加に対し追加の補助を与えている州もある。ブランデンブルク州の場合、2004年の州財政調整法では、中位以下の中心地の市町村について財政需要の算定を割り増しする制度がとられていた。この条文は

2006 年に削除され、現在は中位中心地の市町村に 80 万ユーロ（約 9,600 万円）の交付金が加算される制度に改められている。

2.4　中心的供給区域

　中心地とは別に、近年の制度改正によって F プランに定めることができるようになったのが「中心的供給区域（zentraler Versorgungsbereich）」である。これは小売機能やその他のサービス機能を周辺へ供給する施設が立地する区域で、市街地をコンパクトに維持することや、人々、特にモビリティの低い高齢者が近隣でサービスを享受する機会を確保することを狙いとしている。

　中心的供給区域の設定は、商業や拠点に関する部門別構想の中で検討され、市町村の規模にもよるが、誘致圏の広さや機能に応じて複数階層の区域が設定される。

　都市計画の側では、建設法典で市町村の都市計画の策定時に特に考慮すべき事項の一つに、中心的供給区域を維持し整備することが挙げられている。その上で、連坦市街地においては当該市町村や近隣市町村にある中心的供給区域への悪影響が予想される事業は認められず、中心的供給区域の維持・整備の観点から建築が許可される用途・されない用途を B プランに定めることができる。また、建設法典は隣接する市町村の都市計画を相互に調整することを要求しているが、その際に市町村は計画が中心的供給区域に与える影響も勘案することになる。こうしたしくみを通じて、中心地システムと同様に、人々の基礎的なサービスへのアクセス性を担保することが意図されている。

3 / コンパクト化が要請された背景

　建設法典は、市町村の都市計画とは社会面・経済面・環境保護面からの要求の調和した持続可能な開発を保障するものであるべきとの方針を打ち出している。より具体的には、人間にふさわしい環境の確保、生命を支える自然の保護、気候変動の防止とそれへの適応などに寄与することが求められ、そのために都市整備は主に既成市街地において行われるべきとしている。

　このように主として環境保護の観点から市街地のコンパクト化を進めようとする全国的な方向性とともに、地域や都市ごとに異なる人口動態もまたコンパクト化や市街地の縮退を要請している。2000年代に遡って人口統計を確認してみよう。

　2007年にベルリンの人口は194人の自然増と11,996人の社会増を、ブランデンブルク州の人口は8,077人の自然減と3,968人の社

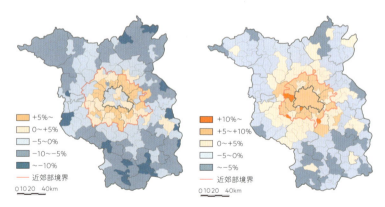

図4　ベルリン=ブランデンブルク首都圏の人口増減率、2002〜06年（左）と2012〜16年（右）
（出典：ベルリン=ブランデンブルク共同空間計画局 *5、*1 より筆者作成）

会減を記録し、首都圏の合計では自然減と社会増がおよそ拮抗していた。ブランデンブルク州の社会増減は内周部（ベルリン近郊部）と外周部（遠郊部）とで様相が異なり、内周部では安価な持ち家を求める人々がベルリンから転入する動きもあって人口増加が見られた（図4左）。この傾向は将来も続き、2004～30年の間に内周部の人口は3%増加、外周部では23%減少すると予測された。

　また、首都圏平均の高齢化率は19.6%、人口1,000人あたり出生数は8.4‰で、日本の関東一都六県（それぞれ19.3%、8.5‰）と同程度の少子高齢化の状況にあった。この少子高齢化と遠郊部での人口減少という局面における将来の都市圏の姿、とりわけ「同等の生活条件」を目指し、中心地や中心的供給区域といった拠点の設定を通じて人々のサービスやインフラへのアクセスをどう確保し維持するかは大きな課題であった。

　なお、本章の筋からは少し逸れるが、その後10年が経った2017年のベルリンは5,824人の自然増と33,533人の社会増、ブランデンブルク州は11,440人の自然減と20,727人の社会増を記録し、社会増が大きく増加した。ベルリンへの転入の57%、首都圏への転入の61%は国外からの流入であり、ブランデンブルク州への転入の39%はベルリンからである。また、ブランデンブルク州に比べてベルリンへの転入者は若年層が多く、21～30歳が4割を占める。このことが高齢化率の上昇の鈍化と出生率の回復に大きく寄与している。図4右に示すように、ベルリンや近郊部では2012年からの4年間に人口が5%以上増えた自治体が多く存在する反面、遠郊部の人口は限られた自治体を除いて減少しており、人口のベルリン一極集中の度合いは強まっている。

4章　ドイツ・ベルリン　111

4 / 首都圏の中心地システムと都市整備

4.1 首都圏レベルの空間計画

　先述の通り、ベルリン＝ブランデンブルク首都圏では共同空間計画局が両州の全域を対象とする空間計画を立案している。本節では2000年代後半の計画、すなわち「首都圏全域の将来像」（2006年）と「地域発展プログラム」（2007年）を受けて実現戦略を示すマスタープランとしての「ベルリン＝ブランデンブルク地域発展計画（LEP B-B）」（2009年）[6] を中心的に取り上げる。

　LEP B-B はその前身にあたる「ブランデンブルク州発展計画 I －中心地及び周辺構造（LEP I）」（1995年）[7] など三つの計画を統合し置き換えたものと位置づけられる。また、後継の「ベルリン＝ブランデンブルク首都圏発展計画（LEP HR）」[8] が2019年7月に発効している。つまり、この20年余りの間、首都圏スケールの計画には、LEP I など三つの計画、LEP B-B、後継の LEP HR の3世代の計画がある（あった）。以下ではこのうち LEP B-B に主に焦点を当て、中心地システムによる都市圏スケールの都市整備方針とその変遷を見ていくことにしよう。

4.2 中心地システムの変遷

　LEP B-B の前身の計画のうち中心地システムを定めていたのはLEP I である。LEP I は、ベルリンを最上位の中心地に位置づけたのに加えて、ブランデンブルク州内の中心地システムが上位中心地

112

－中位中心地－基礎中心地－小中心地の4階層で構成されると定義した。各階層の中心地の人口と後背圏人口、公共交通による到達所要時間、標準的に備えるべき施設や機能に関する基準も提示されている（表2）。ただし、LEP Iの中で場所まで指定されているのは上位と中位の中心地のみで、基礎中心地と小中心地はその下の地域計画レベルで定義された。結果的に定められた中心地は図5左に示す152カ所であった。

この中心地システムがLEP B-Bでは大きく改訂された。ベルリンが最上位であることは変わらないが、ブランデンブルク州内の中心地は上位・中位の2階層のみに減らされるとともに、新しい基準に基づく指定の見直しが行われた。すなわち、中位中心地の後背圏人口の目安が3万人に切り下げられ、後背圏から自動車で30分（最大45分）以内で到達可能となるよう配置が定められた。アクセス条件が自動車の所要時間で設定されたのは、遠郊部では公共交通の維持が困難な地域があり、公共交通の所要時間で基準を設定するのは現実的でないためとされる。また、LEP Iにあったような各階層の中心地が備えるべき施設・機能の基準は定められなかった。結果として指定されたのは図5右に示す54カ所で、従前から大幅に削減された。

	中心地人口	後背圏人口	公共交通による 到達所要時間
上位中心地	通常は10万人以上	通常は20万人以上	約90分
中位中心地	通常は2万人以上	通常は3.5万人以上	約60分
基礎中心地	通常は3千人以上	通常は7千人以上	約30分
小中心地	通常は1千人以上	通常は5千人以上	約30分

注：これらのほかに、教育／若者関連、文化、スポーツ、保健／社会、その他サービス、行政、交通の各分野についてそれぞれの中心地が通常備える施設や機能の基準も示されている。

表2　LEP Iにおける中心地の人口・所要時間基準（出典：ベルリン＝ブランデンブルク共同空間計画局＊7）

4章　ドイツ・ベルリン　113

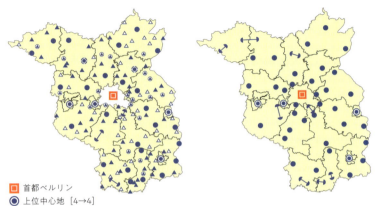

- 🟧 首都ベルリン
- ◉ 上位中心地 [4→4]
- ◉ 上位中心地の副次的機能を持つ中位中心地 [2→0]
- ● 中位中心地 [25→34]
- ↕ 機能を補完する中位中心地 [6→16]
- ⊙ 中位中心地の副次的機能を持つ基礎中心地 [20→設定なし]
- ▲ 基礎中心地 [51→設定なし]
- △ 小中心地 [44→設定なし]

[　]内の数字はLEP I→LEP B-Bで指定された中心地の数

図5　LEP I（左）と LEP B-B（右）における中心地の配置
（出典：ベルリン=ブランデンブルク共同空間計画局資料より筆者作成）

　こうした改訂の背景の一つには、遠郊部では人口減少に伴って幼稚園や学校が多く閉鎖されるに至るほどに社会的インフラの利用が低下したことと、その反面、近郊部では人口増加により従来の中心地の指定がそぐわなくなっていたことがある。実際図5の左右を見比べると、当時から人口の増加が見込まれていたベルリン近郊部では中位中心地が追加されて密になり、逆に遠郊部では下位の中心地が軒並み廃止されてまばらになっていることがわかる。

　もう一つの重要な背景は、財政に関してである。州からの財源補助では将来的に中心地としてのサービスの水準を維持するのが困難であると見込まれた一方、合併によって財政的基盤が強化された市町村や市町村連合のもとで住民の基礎的なニーズを満たすサービス

は提供しうると考えられた。こうして中心地でなくなる市町村にとっては州からの交付金は減少し、そのサービスの提供は部門別計画や市町村の判断に委ねられることとなった。

　なお、LEP B-B 後継の LEP HR では中心地の構成は変わらないものの、中位中心地が4カ所（うち機能を補完する中位中心地1カ所）追加されている。さらに、中心地システムには含まれないが、これを補完するものとして、中心地でない市町村または市町村連合において基礎的な機能やサービスを供給する「基礎機能拠点（Grundfunktionale Schwerpunkt）」を新たに地域計画で指定することとされている。基礎機能拠点に対しても州からの交付金が年間 10 万ユーロ（約 1,200 万円）加算される。

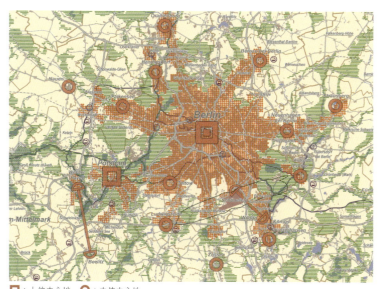

■：上位中心地　●：中位中心地
オレンジのドットの区域と中心地では住宅開発を無制限に認めることが可能
緑色のハッチの区域（オープンスペース）での新規開発は不可

図6　LEP B-B 計画図（ベルリンおよび近郊部拡大）（出典：ベルリン＝ブランデンブルク共同空間計画局＊6）

4.3 下位計画の枠組みとしての中心地システム

LEP B-B において中心地システムは、後背圏に機能やサービスを提供する観点から中心地の配置を示すだけでなく、市町村の都市計画に対し広域的な方針を示し枠をはめる役割も持つ。

その一つは、住宅開発に関する方針である。まず、既成市街地内での開発を優先すること、諸機能のバランスをとること、既存住宅地とのつながりを確保すること、オープンスペースを保全すること、などの一般的方針が強調されている。

その上で、ベルリン近郊部で市町村が無制限に住宅開発を認めることのできる区域が鉄道駅からの近接性やインフラの整備状況、居住地の集積状況などに基づいて定められ、計画図上に 25ha 単位のドットで示されている（図6）。また、この区域外であっても中心地の市町村では制限なく開発が可能とする一方、それ以外での開発は 2008 年末の自治体人口 1,000 人につき 10 年間で 0.5ha までに制限する方針がとられている。

大型小売店舗の立地に関しても、中心地システムに基づく広域的方針が以下のように示されている。すなわち、空間整備に与える影響が少なくないと見なされる延べ床面積 1,200 ㎡（売場面積 800 ㎡）超の小売店舗は原則的に中心地でのみ立地が認められ、その中心地の役割に合致したものでなければならず、種類や立地場所、規模の点で、近隣にある中心地の役割や消費者の近くでの商品供給に悪影響を及ぼしてはならないと規定している。

さらに、自動車・バイク、家具、日曜大工製品、大きな植物などを除くおよそあらゆる商品（「中心関連商品」と呼ばれる）を扱う大型店は、中心地の市町村の中でも諸機能・サービスが立地し、かつベルリンや上位中心地においては公共交通によるアクセスも良好

な「都市核地区」にのみ設置が認められる。ただし、売場面積と品揃え（食料品、医薬品、書籍・文房具など「近隣に供給するための中心関連商品」）の点でもっぱら住民の近くで商品を供給すると見なされる店舗は、中心地の市町村以外や都市核地区外でも立地が認められ、こうした日用品へのアクセスの確保が図られている。

　住宅開発や大型小売店舗を集約させるこの方針は、中心地が担うべき主要な機能である小売機能を確実に立地させるという直接的な効果はもちろんのこと、中心地における居住人口の増加を通じて他の機能や社会的インフラの供給を維持しやすくすることも狙いである。新しい LEP HR でもこうした方針はおおよそ継承されているが、中心地のほかに基礎機能拠点でも一定規模の住宅開発や大型小売店舗の立地が認められるようになっている。

5／コットブス市の拠点の設定方法

5.1　コットブス市の概要

　前節で述べたように、中心地は州の空間計画において市町村を単位として指定され、都市圏の空間構造を大きく規定しているが、それより狭い範囲の都市スケールの空間構造は市町村レベルの構想や計画で検討される。次に、一つの都市内での拠点の設定状況を、ベルリン遠郊部に位置する郡独立市・コットブス市における中心的供給区域を例に見てみる。

　コットブス市は人口およそ 10 万人で、ブランデンブルク州内の四つの郡独立市のうち州都・ポツダム市に次ぐ規模を持つ。LEP B-B では上位中心地に位置づけられ、市の周囲を取り囲むシュプ

写真4　コットブス中心部（©Sergey Kohl / Shutterstock.com）

レー＝ナイセ郡（人口約12万人）などの住民に対しても都市的な機能やサービスを供給する役割を担っている。図1に示した通り、幹線道路と鉄道でベルリンやその他周辺都市と結ばれているほか、近距離公共交通として市内とシュプレー＝ナイセ郡西部でトラムとバスが運行されている。市街地は主に南北に広がっており、トラムも東西より南北方向に長く延びている。

　中心地の主要な機能である商業の全体的な動向を、2015年の市の「商業・拠点構想」[*9]から概略だけ紹介しておこう。近年は市中心部でラウジッツ地域最大規模のショッピングセンターがオープンしたことの影響もあり、商業拠点としての役割は高まってきている。将来に目を転じると、市域の人口は2030年には2011年比7%減少すると予測される。市内地区別には、市の歴史的・経済的・文化的中心であり地理的にも中央にあるミッテ地区（写真4）とその西に接するシュトレビッツ地区では人口増加が続き、他の地区では減少が見込まれている。こうした人口動態の影響から、小売需要はミッテ地区と市西部で増加、その他ではやや減少と予測されている。加

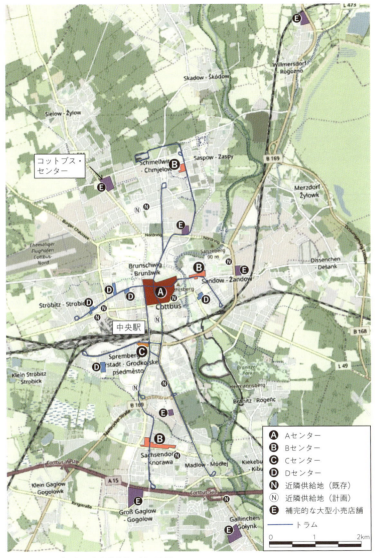

図7 コットブス市の中心的供給区域の配置
(出典：BBE Handelsberatung GmbH ＊9、OpenStreetMap©OpenStreetMap contributors をもとに筆者作成)

4章 ドイツ・ベルリン 119

えて、シュプレー＝ナイセ郡でこの間に見込まれる20％の人口減少は郡内でのサービス供給の持続性にマイナスの影響を及ぼし、上位中心地としてのコットブス市の役割は高まると考えられている。

5.2 商業・拠点構想における中心的供給区域の設定

コットブス市の中心的供給区域は商業・拠点構想[9]の中で定められている（図7）。

まず、ミッテ地区で大型小売店舗をはじめとする商業集積が見られ、またはそのポテンシャルがある区域をAセンターに指定している。上位のサービスを供給し、市の中心としてのイメージとアイデンティティを定義づけることが意図されている。Bセンターは周辺の三つの地区の中心部にあたり、郵便局、学校、行政、医療などの公的施設や公共交通サービスも統合的に集積する。CセンターもBセンターと同じく地区の需要を満たす商業機能が基本であるが、コットブス中央駅に面した立地を活かし、コンパクトなショッピングモールとオフィスやホテルなどその他の機能とが複合し直結している点に特徴がある。Dセンターは4,000人以上の人口を対象に、食料品店、ドラッグストア、花屋などのごく日常的な機能を提供するセンターである。さらに、Dセンターを補完して徒歩圏で食料品を供給する「近隣供給地」が指定されている。

これらは将来の小売需要を勘案して検討されたもので、商業・拠点構想ではそれぞれのセンターや近隣供給地について認められる売場面積の上限やサービス供給者の数が示されているが、なかでもAセンターでは多様な業種が制限なく立地可能である。また、それぞれの立地場所と交通ネットワークの関係を確認すると、市内のトラム網が充実していることもあってA・B・Cの各センターはト

ラム沿線にある。しかし、もっぱら普段使いの機能に重点を置くD
センターと近隣供給地は必ずしもそうなっていない。

　センターや近隣供給地に加えて、商業・拠点構想では「補完的な
大型小売店舗」が7カ所指定されている。これらは中心的供給区域
にはできないサービスの提供や、市の小売業を強化する役割を担う
位置づけである。たとえばその一つ、「コットブス・センター」は
市北部や市外からの客の高次の商品を含む購買需要を満たすことが
役割とされるが、同時にAセンターへの影響を回避する観点から、
空きテナントの有効活用や店舗種類ごとの売場面積構成など、ディ
ベロッパーが検討中のリニューアル計画において配慮すべき事項が
示されている。

5.3　中心的供給区域と都市計画・交通計画

　商業・拠点構想を受ける側の都市計画であるFプランは現在改
定中であるが、その草案[10] が公表されている。それによると、用
途地域の中に「小売とサービスの主要拠点」と「地区・近隣供給拠
点」という区分が新設され、それぞれAセンターとB・C・Dセン
ターの場所が指定されている。補完的な大型小売店舗はいずれも特
別用途地域に指定され、近隣供給地の指定は住宅地域であったり混
合用途地域であったりとさまざまである。

　ところで、商業・拠点構想もFプランも、Aセンターを除く各
区域は個別の商業施設やそれらが建ち並ぶ範囲をピンポイントで指
定している。近隣供給地と補完的な大型小売店舗は別であるが、中
心的供給区域に悪影響を及ぼす開発は認めるべきでないという規定
は裏を返すと、中心的供給区域に現在ある商業施設は守るべきもの
と位置づけられているということでもある。この点は、さまざまな

4章　ドイツ・ベルリン　121

図8 コットブス中央駅の公共交通結節点整備
(出典:コットブス市・コットブス交通資料に筆者加筆)

商業者の共栄を狙いとして販売品目や休業日、営業時間などにまで規制をかけることが受け容れられているドイツならではかもしれない*11。

また、コットブス市は交通事業者とともに、中央駅の駅舎東側にあった一般車駐車場を公共交通の結節点に改造するプロジェクトを実施し、2019年10月からトラムとバスの乗り入れが開始された(図8)。これによって広域の公共交通との結節機能が強化されるとともに、中央駅から1kmほど離れているAセンターへのアクセス性も向上する。このように、上位中心地として役割が一層高まるであろうAセンターの強化を、交通の面から支援する計画も実施されている。

6 ╱ 日本への示唆

これまで見てきたように、ドイツの空間整備は、基礎的なサービスや施設へのアクセスを平等に確保するという政策目標、計画思想

が古くから重視されている点に大きな特徴がある。そして、中心地システムという空間計画上の概念を州レベルの空間計画や市町村の都市計画の制度と連携させ、この目標・思想の実現を図るためのしくみが整備されている。都市圏や都市の中に拠点を設定し、種々の機能やサービスをそこへ立地させようとする点は、日本のコンパクトシティ・プラス・ネットワークの考え方や立地適正化計画制度の目指すところに近いように見える。では、このドイツの先例からどんな示唆が得られるだろうか。

　日本の都市計画では機能の集積が十分でないという意味で実態の伴っていない拠点が設定されがちであることが指摘されている[*12]。2009年のLEP B-Bで基礎中心地以下を中心地システムから外したことは、機能集積の少ない拠点、あるいは将来にわたり州が中心地市町村に助成金を上乗せして維持していくことが難しいと考えられた拠点を削減し、より重要性の高い拠点を精選したものと言える。

　同様の中心地システムの見直しはベルリン＝ブランデンブルク首都圏に限らず、旧東ドイツ地域の他の州でも見られるという[*13]。大目標である「同等の生活条件」の確立からやや離れることは否めず、非常に難しい決定であったことは想像にかたくないが、基礎的なアクセスを確保するという命題との折り合いをつけながら実行されたことがまず注目に値する。

　先述の通り、中心地システムは州の空間計画や地域計画で定められ、市町村の都市計画の策定と実施に影響を及ぼす。すなわち、どのような規模や内容の開発を認めるかに関してFプランを（ひいては、それから展開されるBプランも）拘束し、さらに開発が近隣市町村に悪影響を及ぼさないことも要求している。中心地から外された市町村にとって、住民の利便が大きく損なわれかねないことはもちろん、州の交付金が減ることや、住宅開発や大型小売店舗の立地

が極めて限定されることを考えればなおさら受け容れにくい決定であったに違いない。しかしながら、対流の原則に則って市町村も広域の計画の策定に参画しており、共同空間計画局の担当者によれば、その内容は「総体として同意されている」とのことであった[14]。

このように、実効性のある広域計画が存在しない日本では極めて難しいと言っていい、拠点に関する広域的観点からの検討と調整が行われている。しかし、我々の日々の移動はしばしば当たり前に市町村域を越えて行われ、ある拠点の影響は市町村界を越えて他の自治体にも及ぶものであるから、自治体間の水平的調整であれ、何らかの広域組織を通した垂直的調整であれ、拠点のあり方をより広い視野から検討し調整する必要性は日本においても高い。

LEP B-B で下位の中心地が削除されたとは言え、それがアクセス確保の放棄を意味していないことは銘記しておきたい。商業部門の構想の中で検討される中心的供給区域を市町村の都市計画の中に明示し連携できるようにしたり、首都圏の新しい計画である LEP HR では中心地でない市町村に地域計画で基礎機能拠点を定め、州交付金を加算するとともに一定の開発を認めるとの変更が加えられたりというように、基礎的な機能・サービスの立地と供給を守ろうとする工夫は続けられている。

コットブス市の事例では、将来の人口と小売需要をベースにして商業床の量や内容、立地を限定し、さらには中心的供給区域を個別の既存商業施設にピンポイントで設定していた。このような運用は競争阻害的な商業調整とも捉えられるため、その是非には議論の余地があるし、一般論としてある程度の競争性が担保されることが望ましくはあるが、深刻な人口減少に悩む地域においては一つの方策としてありうるのかもしれない。

他方、中心地と基礎機能拠点以外で新規の住宅開発が認められな

いとすると、ベルリン遠郊部に広がる人口の極めて疎な地域の多くは長期的に縮退へ向かうことが当然に想定できる。これがよいことかどうかの議論はおいておくが、そのような空間像を目標とするならば、縮退への言わば過渡期にある住民の生活をよりよく支える地域の空間構造、機能配置と交通サービスが求められることもまた間違いない。日本の「小さな拠点」づくりに関する議論や取り組みとも、相通じて互いに参考になる点は多くあるのではないだろうか。

* 1 Gemeinsame Landesplanungsabteilung Berlin-Brandenburg, *Hauptstadtregion Berlin-Brandenburg - Raumordnungsbericht 2018*, 2018
* 2 齋藤純子「人口減少に対応したドイツ都市計画法の動向」『レファレンス』No.761、国立国会図書館、2014
* 3 連邦国土整備法（Raumordnungsgesetz）§2（2）の3項目め
* 4 Ministerkonferenz für Raumordnung, *Entschließung "Zentrale Orte"*, 2016
* 5 Gemeinsame Landesplanungsabteilung Berlin-Brandenburg, *Hauptstadtregion Berlin-Brandenburg - Raumordnungsbericht 2008*, 2008
* 6 Gemeinsame Landesplanungsabteilung Berlin-Brandenburg, *Landesentwicklungsplan Berlin-Brandenburg*（LEP B-B）, 2009
* 7 Gemeinsame Landesplanungsabteilung Berlin-Brandenburg, *Landesentwicklungsplan Brandenburg LEP I –Zentralörtliche Gliederung*, 2002
* 8 Gemeinsame Landesplanungsabteilung Berlin-Brandenburg, *Landesentwicklungsplan Hauptstadtregion Berlin-Brandenburg*（LEP HR）, 2019
* 9 BBE Handelsberatung GmbH, *Konzept zur Einzelhandels- und Zentrenentwicklung der Stadt Cottbus: unter besonderer Berücksichtigung der Entwicklungspotenziale für die Cottbuser Innenstadt*（Fortschreibung 2015）, 2016
*10 Stadt Cottbus, *Flächennutzungsplan der Stadt Cottbus: Vorentwurf*, 2016
*11 阿部成治『大型店とドイツのまちづくり－中心市街地活性化と広域調整』学芸出版社、2001
*12 たとえば、肥後洋平、森英高、谷口守「『拠点へ集約』から『拠点を集約』へ－安易なコンパクトシティ政策導入に対する批判的検討」『都市計画論文集』49巻3号、2014
*13 森川洋「ドイツの空間整備における『同等の生活条件』目標と中心地構想」『自治総研』470号、2017
*14 2009年3月に筆者らが実施したインタビューによる。

5章

フランス・ストラスブール
── 都市交通政策を軸とした住みやすいまちづくり

松中亮治
まつなか・りょうじ

京都大学大学院工学研究科准教授。京都大
学大学院工学研究科修士課程修了。京都大
学大学院工学研究科助手、岡山大学環境理
工学部助教授などを経て、2008年より現
職。博士（工学）。専門は都市・地域計画、交
通計画。著書に『都市アメニティの経済学』
（共著、学芸出版社）、『図説 都市地域計画』
（共著、丸善）、『TRANSPORT POLICY AND
FUNDING』（共著、ELSEVIER）など。

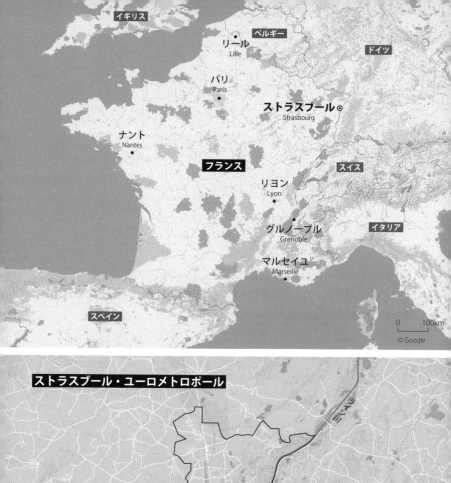

1／ストラスブールの概要

　ストラスブールは、パリから東へ約400kmの位置にあるフランス北東部の人口約27.8万人（2015年時点）[*1]、周辺の28コミューン[*2]を併せた都市圏（ストラスブール・ユーロメトロポール、Eurométropole de Strasbourg）人口約48.3万人（2015年時点）[*3]のアルザス地方の中心都市であり、2016年に発足したグラン・テスト地域圏（Région Grand Est）の首府でもある。2007年6月にはTGV東ヨーロッパ線が開通し、パリとおよそ2時間20分で結ばれるようになった。また、まちの東を流れるライン川が隣国ドイツとの国境となっており、対岸にはドイツの都市ケールがある。

　ストラスブールには、フランスとドイツが度々その領有権を争った歴史があり、第一次世界大戦前および第二次世界大戦中にドイツ領となっていた時期があることから、現在では、「ヨーロッパの歴史を象徴する都市」として、欧州連合の主要機関である、欧州議会本会議場、欧州評議会、欧州人権裁判所が設置されており、ヨーロッパの首都とも呼ばれている国際都市である。

　また、ストラスブールの中心部グランド・イルは、1988年にユネスコの世界文化遺産に登録されており、なかでも、南西部のプチ・フランス地区は、アルザス地方独特の歴史的なまちなみがそのまま残され、多くの観光客が訪れる人気のエリアとなっている。ストラスブールは、パリ、ニース、リヨン等とともに、フランスの人気観光都市の一つでもある。

　そして、ストラスブールは先進的な都市交通政策によって再生に成功したまちとしても非常に有名である。交通混雑や大気汚染の深

写真1　中心部のトランジットモール

刻化を背景に、ストラスブールではLRT（次世代型路面電車）が導入され、1994年に開業したLRT A線を皮切りに、現在では、LRT 6路線（A/B/C/D/E/F線）およびハイレベルサービスバスBHNS[*4]1路線（G線）、計7路線71.8km（2017年時点）が運行されるに至っている[*5]。環境にやさしく暮らしやすいまちの実現を目指し、こうした一連のLRT整備を中心としたまちづくりを進めることにより、ストラスブールは都心の賑わいを取り戻し、中心部の活性化に成功したまちとして広く知られるようになったのである（写真1）。

　本章では、まず、ストラスブールの都市政策の中心となっている交通政策を支えているフランスにおける都市内公共交通整備に関する制度と関連する諸制度を概観した上で、20年以上にわたってストラスブールにおいて進められてきた都市交通政策とその成果を紹介する。

2 ／フランスにおける都市内公共交通を支える制度

2.1 都市圏交通計画の変遷

ストラスブールの都市交通政策について述べる前に、一連の政策の実行を支えたフランスにおける都市内公共交通に関する整備制度と関連する諸制度について概観する[6]。

フランスにおいて交通政策の基本法となっていたのが、1982年に制定されたフランス国内交通基本法（LOTI）[7]である。交通基本法（LOTI）には、フランス国内の交通に関する原則とその将来に向けての方向性が示されており、「誰もが容易に、低コストで、快適に、同時に社会的コストを増加させないで移動する権利」である「交通権」が定義されていた[8,9]。

交通基本法（LOTI）は2010年に交通法典（code des transports）に移行されており、都市内交通に関しては、交通法典第II部IV章L1214-2（交通基本法（LOTI）では第28条）に、「都市内のモビリティ・アクセス性に対するニーズと環境・健康の保護との間の持続的な均衡を図り、自動車交通量を減少させ、環境負荷の少ない公共交通機関や徒歩・自転車の利用を促進する」といった「都市圏交通計画（Plan de Déplacements Urbains：PDU）」の目的が記載されている。

都市圏交通計画（PDU）はすべての都市内交通機関を包含した都市内交通に関するマスタープランであり、1996年に制定された大気とエネルギーに関する効率的利用に関する法律（LAURE）[10]により制度化され、人口10万人以上の都市圏に都市圏交通計画

（PDU）の策定が義務づけられた[11,12]。

　そして、都市圏交通計画（PDU）は、2000年に制定された連帯・都市再生法（SRU）[13]によって、それぞれ従前の「都市基本計画（Schéma Directeu：SD）」「土地占用計画（Plan d'Occupation des Sols：POS）」に変わって導入された「広域総合計画スキーム（Schéma de Cohérence Territoriale：SCoT）」「都市計画ローカルプラン（Plan Local d'Urbanisme：PLU）」との整合が図られるようになった[11]。

　なお、フランスにおいては、都市計画法（Code de l'urbanisme）L111-3の規定により、都市計画ローカルプラン（PLU）等が策定されていない場合、既成市街地でしか建築行為が原則許可されず、さらに連帯・都市再生法により、都市計画ローカルプラン（PLU）において、新たに都市化する区域を定める場合、広域総合計画スキーム（SCoT）との整合が求められるようになった。また、広域総合計画スキーム（SCoT）が策定されていない場合、当該地域においては、都市計画法L142-4の規定により、新たな開発は認められていない。近年、フランスでは、このように都市の無秩序な拡散を防ぐための規制がより強化されつつある。

　そして、2007年5月に就任したサルコジ大統領の提案により2007年7月から開催された環境グルネル会議の最終報告が2007年10月に発表され、都市交通分野に関しては、イル・ド・フランスを除く地域でLRTなどのTCSP[14]を1,500km新設し、その建設費用約180億ユーロ（約2.16億円）のうち約40億ユーロ（約4800億円）を国が負担することとなった[15]。

　この環境グルネル会議の提言を実行するために、2009年に各分野の数値目標等を定めたグルネル第I法[16]が制定されたのに続き、第I法の内容をより具体化し、交通分野を初めとする主要6分野（建

築物・都市計画、交通、エネルギー、生物多様性、リスク・健康・廃棄物、ガバナンス）の対策を規定したグルネル第Ⅱ法[17]が2010年に制定された。そして、グルネル第Ⅱ法ならびに2014年に制定された住宅へのアクセスと新しい都市計画に関する法律（ALUR）[18]によって、都市圏交通計画（PDU）は「地域住宅政策プログラム（Programme local de l'habitat：PLH）」とともに、都市圏が策定する「広域都市計画（Plan Local d'Urbanisme intercommunal：PLUi)」に統合され[19]、都市計画と交通計画は、両者の間でより一貫性のある計画立案が求められるようになった。

　ストラスブールにおいても、今後20年間を対象とした都市計画ローカルプラン（PLU）が2016年にストラスブール・ユーロメトロポール議会で承認された[20]。ストラスブールのローカルプラン（PLU）には、持続可能な発展に対する課題への対応を強化し、温室効果ガスの削減、土地利用の抑制、都市の拡散防止、生態学的継続性の維持と回復、公共交通機関の利用促進のための目標が設定されている[20]。そして、ローカルプラン（PLU）に内包された都市交通政策についても、都市圏を対象として、ローカルプラン（PLU）と同じくストラスブール・ユーロメトロポールによって策定・実施されている。

2.2　財源調達と合意形成のしくみ

　こうした都市交通政策を財政面から支えているのが、1971年にパリで、1973年には地方都市圏で導入された交通税（versement transport：VT）である。1973年の地方都市圏への導入当初は対象が人口10万人以上の都市圏に限られていたが、その後徐々に対象都市圏が拡大し、2000年には人口1万人以上の都市圏にも適用

されるようになった。

　交通税は、都市圏内の一定規模以上の事業者を対象として、支払給与総額に対して課税される。税率は、人口規模や導入されている交通機関によって定められており、最高税率は 2.00％（パリを除く）[*21]となっている。実際、都市内公共交通の整備運営費用に占める交通税の割合はフランス全体（パリを除く）で 47.32％（2013 年）[*21] と非常に高くなっている。ストラスブールにおいても、他都市圏と同様に都市内公共交通の整備運営費用に占める交通税の割合は高く、47.08％（2015 年）となっており[*3]、都市交通政策を実施する上で必要不可欠な財源となっている。

　これらの諸制度に加えて、フランスでは、各種公共事業において、事前協議（コンセルタシオン、concertation）ならびに公的審査（enquête publique）と呼ばれる住民との協議が義務づけられており、合意形成のための制度も整えられている。フランスにおける合意形成の流れは図 1 に示す通りである。

　行政において立案された計画は、まず、事前協議にかけられる。事前協議では、さまざまなメディアを通じて計画について住民に対して広報を行い、説明会を開催し計画内容の周知を図るとともに、住民の意見が聴取される。そして、必要に応じて修正された最終計画案が、公的審査にかけられることとなる。公的審査では、最終計画案について住民への広報が行われ、住民は資料を閲覧し意見を記帳することができるほか、審査を担当する公的審査委員と会見し直接意見を述べることもできる。公的審査委員は、行政が作成する計画案に関する膨大な資料、住民からの意見聴取結果や公聴会における意見を踏まえ最終計画案を審査する。そして、公的審査委員から審査結果が意見書として地方議会に提出され、議会におい審議され承認されると公益宣言（Declaration d'Utili Publique：DUP）が

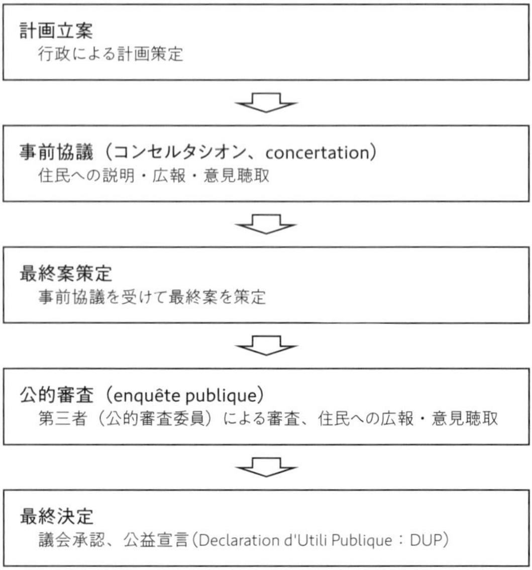

図1 公共事業における合意形成の流れ

計画立案
行政による計画策定

事前協議（コンセルタシオン、concertation）
住民への説明・広報・意見聴取

最終案策定
事前協議を受けて最終案を策定

公的審査（enquête publique）
第三者（公的審査委員）による審査、住民への広報・意見聴取

最終決定
議会承認、公益宣言(Declaration d'Utili Publique：DUP)

発令・交付される。この公益宣言が出されて初めて、公共事業として工事に着手できることとなる。

　これまでストラスブールにおいて導入されてきたLRTについても、こうした住民との協議を経て整備されている。実際、2007年から2008年のLRT B/C/D線延伸・E線建設の際に用いられた行政が作成した公的審査用資料は数百頁にも及ぶ膨大なものであり、整備による効果などが詳細に記載されたものであった。

　また、先述のローカルプラン（PLU）についても、策定や改訂は住民との協議の対象となっている。2017年にストラスブール・ユーロメトロポールに新たに加わった五つのコミューンをローカルプラン（PLU）の中に含めるため、改訂作業が2017年から進められており、2019年4月1日から5月10日までの間に公的審査が実施された[20]。公的審査では、審査に先立ち実施された事前協議の

概要をまとめた資料が審査のための資料の一部となっており、実際に事前協議の結果を踏まえる形で公的審査が実施されている。

3 / ストラスブールの都市交通政策

ストラスブールは、先進的な交通政策の推進を中心とした都市政策により、中心部の衰退や環境の悪化といった都市が抱えるさまざまな問題の解決に成功してきたまちである。ここでは、ストラスブールの都市政策の中心である交通政策について整理するとともに、交通政策と連携した都市政策について述べる。

3.1　自動車流入規制・歩行者空間整備

LRT の導入を決めたストラスブールが最初に実施した都市交通施策が、中心部への自動車の流入規制と歩行者空間整備である。1994 年の LRT の開業に先立ち、1992 年に図 2 に示すように中心部への自動車流入規制が実施されている。中心部周辺への放射状のアクセス道路が整備され、そこから中心部につながる道路を通って中心部にアクセスすることができるようになっている。しかし、中心部につながる道路はループ状となっており、そのまま中心部を通過することはできず、再び中心部周辺へのアクセス道路に戻る構造となっている。そのため、中心部の通過交通は排除され、中心部に用事がある車両のみが流入することになる。この方式は交通サーキュレーションとも呼ばれており、この交通サーキュレーションの導入によって LRT A/D 線沿線の自動車交通量の減少が顕著に見られたことが報告されている[8]。

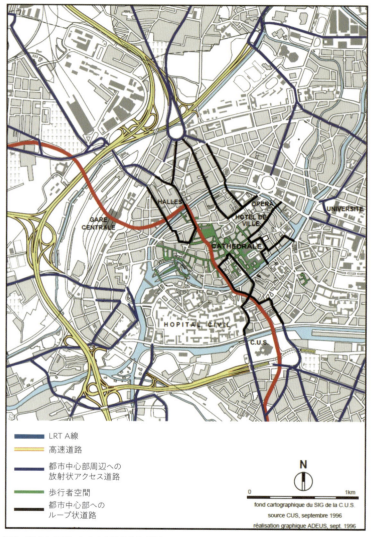

図2　都市中心部における自動車流入規制（出典：＊22、一部加筆）

写真2　中心部の商店街の賑わい

　併せて中心部では、歩行者空間が整備され、商店街の前の通りも歩行者空間となった。整備当初は、自動車で直接アクセスできなくなると客足が遠のくとして、商店街はこの歩行者空間化に大反対であった。しかし、その後、1992年にLRT A線が、2000年にB/C線が開業するにつれ、反対の声も聞かれなくなっていった。その理由は、現在の商店街の様子を見れば一目瞭然であろう（写真2）。また、既往の研究においても、LRT開業後、中心部の空き店舗数が減少したことが明らかにされている[23]。こうしたストラスブールにおける先進的取り組みを目の当たりにしたフランスの地方都市の商店街では、LRT導入に積極的な姿勢をとるようになってきている[24]。

3.2　LRT整備

　フランスでは、1910〜30年代には約80都市で路面電車が運行されていたが、モータリゼーションの進展とともに、その多くが廃止され、1970年代にはマルセイユ、リール、サンテティエンヌの3

都市を残すのみとなった。その後、1970 ～ 80 年代に、自動車交通に起因する大気汚染や道路混雑、中心部の衰退といった問題が顕在化し、その解決策として、1985 年にナント、1987 年にグルノーブルで LRT が導入された。以降、現在では、29 都市で導入されるに至っている。

ストラスブールにも、かつて路面電車が走っていたが、他のフランスの都市と同様、1960 年にいったん廃止された。その後、1980年代末に大気汚染、道路混雑の解決策として、LRT 整備と自動運転方式のミニ地下鉄整備の二つの案が提案され、1989 年の市長選挙において、LRT 整備を主張したトロットマン氏が当選し、LRT整備が推進されることとなった。そして、先述の交通サーキュレーションによる中心部での自動車流入規制実施から 2 年後の 1994 年、LRT A 線 9.8km が開通し、誰もが乗り降りしやすい世界初となる完全低床型車両による LRT の運行が開始された。

その後、1998 年の A 線延伸、D 線開通、2000 年の B 線、C 線開通、2007 年の E 線、2010 年の F 線開通、さらに 2013 年の BHNS G 線開通（写真 3）、2017 年の D 線延伸等、次々とネットワークが拡充され（表 1）、現在では LRT を中心に多くのバス路線とともにストラスブールの都市内交通ネットワークが形成されている（図 3）。

これらの路線は、ストラスブールの交通政策を策定・実施しているストラスブール・ユーロメトロポールから委託を受けたストラスブール交通公社（CTS）によって一体的に運営されている。また、中心部の北西約 800m にあるフランス国鉄（SNCF）中央駅は、TGV も停車する他都市への玄関口となっているが、LRT やBHNS が乗り入れ、都市内交通ネットワークと接続されている。

そして、ストラスブールでは、LRT、BHNS、バスの各都市内交通機関の間で共通運賃制が採用されており、1 回券の場合、刻印

年	開通・延伸状況
1960	路面電車廃止
1989	ストラスブール広域自治体連合（Communaté urbaine de Strasbourg：CUS）がLRT導入決定（1990年から工事開始）
1992	都市中心部で自動車流入規制実施
1994	A線開通（Hautepierre Maillon から Baggersee）
1998	A線延伸（Illkirch Lixenbuhl まで）、D線開通（Étoile Polygone から Rotonde）
2000	B線開通（Elsau から Hoenheim-gare）、C線開通（Elsau から Esplanade）
2007	C線延伸（Rodolphe Reusse まで）、D線延伸（Aristide-Briand まで）、E線開通（Baggersee から Wacken）、延伸（Robertsau-Boecklin まで）
2008	B線延伸（Ostwald Hôtel de Ville まで、Lingolsheim Tiergaertel まで）
2010	F線開通（Elsau から Place d'Islande）、C線延伸（Gare Centrale まで）
2013	A線延伸（Parc des Sports まで）、D線延伸（Poteries まで）、G線（BHNS）開通（Gare Centrale から Espace Européen de l'Entreprise）
2016	A線延伸（Graffenstaden まで）
2017	D線延伸（Kehl Bahnhof まで）
2018	D線延伸（Kehl Rathaus まで）

表1　ストラスブールにおける LRT 開通・延伸状況

後1時間以内であれば、1枚のチケットで他の交通機関に乗換えることが可能となっている。さらに、LRT とバスや鉄道との乗換駅では、同一ホームでの乗換や垂直移動による乗換など、利用者の乗換抵抗を少しでも軽減する工夫がなされている。（写真4）。このように、ストラスブールでは、LRT とバスや鉄道といった他の交通機関との間で充分な連携が図られ、一体的な都市内交通ネットワークが形成されている。

　こうした交通機関間の連携以外にも、利用者の利便性を少しでも

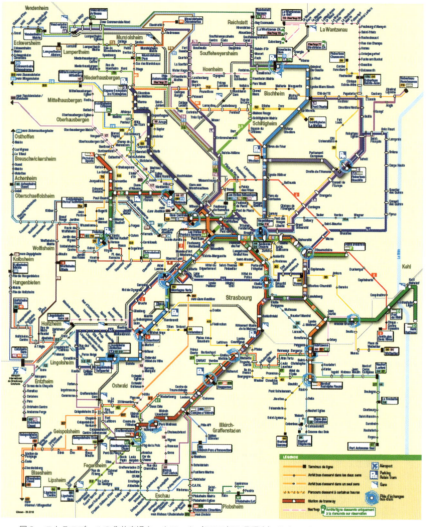

図3　ストラスブールの公共交通ネットワーク（2018年9月現在）（出典：＊5）

向上させるための配慮がいくつも見られる。たとえば、LRT車両は完全低床型であり、駅においても、充分な幅の緩やかなスロープが設置されている。そして、ホームと車両の段差をなくすため、ホー

左上：写真 3　2013 年に開通したハイレベルサービスバス BHNS（G 線）
右上：写真 4　LRT とバスの連携
左下：写真 5　ユニバーサルデザインを取り入れた駅

ムの一部が盛り上げられており、車椅子やベビーカーでもスムーズに車両に乗り込むことができるようになっている（写真 5）。

　また、ストラスブールの LRT は、月〜土曜は 4:30 〜 0:30 の間、日曜と祝日は 5:30 〜 0:30 の間運行されており、月〜土曜の 6:30 〜 20:00 は 5 分から 6 分間隔、それ以外の時間帯は 15 分間隔での運行となっている[*5]。このようにストラスブールの LRT は、高い頻度で運行されており、駅には路線ごとに LRT が後何分で到着するかを知らせる接近表示システムが設置されている。まちづくりの成功事例とされているストラスブールにおいてさえ、こうしたよりよいサービスの提供を常に心がけている点は大いに学ぶべき点であろう。

　1994 年に初めてストラスブールのまちを LRT が走ってから四半世紀が経過しようとしているが、このように着実に LRT による都市内交通ネットワークの整備が続けられてきた。当然のことながら、この間、最初に LRT 導入を主張したトロットマン氏やその後継者

が歴代の市長を務めてきたわけではなく、政権が代わったことも
あった。しかし、多くの市民に支持された LRT 整備を中心とした
都市交通政策は、政権が代わっても継続され、現在も E 線ならび
に F 線の延伸が計画されており[20]、さらなるネットワークの拡充
を目指している。

3.3　パーク＆ライド

　LRT 駅周辺には 10 カ所のパーク＆ライド用駐車場が設置されて
いる。そして、パーク＆ライド駐車場の料金は 1 日 4.10 ユーロ（約
490 円、ロトンド駐車場のみ 4.60 ユーロ、約 550 円）となってい
るが、この料金には、乗車人数分（最大 7 名分）の往復乗車券が含
まれている[5]。仮に 1 人でパーク＆ライド駐車場を利用する場合で
も、往復乗車券が 3.50 ユーロ（約 120 円）であることを考えると、
実質、0.6 ユーロ（約 72 円）で自動車を駐車できることになる。さ
らに、2 人以上が 1 台の自動車でパーク＆ライド駐車場を利用する
と、7 名までであれば自動車 1 台分の駐車料金で、乗車してきた全
員が LRT ないしはバスに乗り継いで目的地まで往復することがで
きる。そのため、個々人がそれぞれ自動車を使うのではなく。1 台
の自動車に乗り合わせるインセンティブとなり、このような料金政
策は不要な自動車による移動を減少させる効果もある。

　こうした政策の結果、都心近くに設置されているロトンド駅の
パーク＆ライド駐車場は、LRT 開業当初は平面駐車場であったが、
現在ではより多くの車両が駐車可能な立体駐車場へと改築されてい
る（写真 6）。

上：写真6　パーク&ライド駐車場
左下：写真7　市内に600km整備された自転車道
右下：写真8　LRTには自転車を持ち込める

3.4　自転車政策

　ストラスブールは自転車政策にも重点的に取り組んでいる。現在、ストラスブールには600kmを越える自転車道が整備され[20]（写真7）、郊外のみならず中心部においても自転車の走行環境が確保されている。また、LRTや鉄道、バスといった他の交通機関との連携も図られている。たとえば、LRT駅の周辺には13カ所の駐輪場が設置されており[20]、ストラスブール交通公社が無料で発行しているプリペイドカード[5]の所有者は、365日24時間無料でこの駐輪場を利用することができる[20]。また、鉄道駅周辺等にも駐輪場が設置されており[20]、自転車利用の促進が図られている。

　さらに、バス車内には自転車を持ち込むことはできないが、LRTには月〜土曜の7:00〜9:00と17:00〜19:00以外の時間帯であれば、自転車を車内に持ち込むことができ[5]、自転車利用者の利便性向上が図られている（写真8）。

上：写真9　オム‐ド‐フェル駅周辺
中：写真10　クレベール広場
下：写真11　LRT開通に合わせて多様な都市施設が整備されたエトワール地区（2011年）

144

写真12 リノベーションされたフランス国鉄中央駅。上：改築前（2004年）、中：改築後（2007年）、下：増築された内部（2007年）

5章 フランス・ストラスブール　145

3.5 都市政策との連携

　ストラスブールでは、先述した一連の LRT 整備によって、単に都市内公共交通ネットワークが整備されてきただけではなく、LRT 整備と連携して、関連する施設整備などの都市政策も併せて実施されてきた。

　1994 年に LRT A 線が開通した際には、中心部の歩行者空間の一部はトランジットモールとして整備された。現在では特にイベント等が開催されていない通常の平日であっても多くの人で賑わっており（写真 1）、トランジットモール内にあり LRT ネットワークの結節点でもあるオム-ド-フェル駅周辺（写真9）から隣接するクレベール広場（写真 10）やその東側に位置する商店街（写真 2）にかけての一帯は、ストラスブールの賑わいの中心となっている。

　こうした LRT の整備に併せて、沿線では都市施設の整備も進められた。たとえば、2007 年に開通した LRT C/E 線では、LRT 整備と連動して中心部から南東に約 1.5km 離れたエトワール地区において、図書館やコミュニティセンターといった都市施設が併せて整備された（写真 11）。また、同じく 2007 年に延伸された LRT E 線の沿線には、欧州連合の主要機関である、欧州議会本会議場、欧州評議会、欧州人権裁判所が立地しており、LRT の延伸によりこれらの都市施設へのアクセスが大幅に改善された。

　2007 年にパリからの TGV 路線が開通した際には、TGV 乗り入れによる利用者の増加が見込まれ、手狭となることが予測されたフランス国鉄中央駅の改築が必要となった。しかし、この駅舎は 1880 年代に建築されたものであり、容易に増築できるものではなかったため、旧駅舎全体をガラスで覆い、その中の空間を有効に活用するという方法で、必要なスペースが確保された。また、以前は

石畳の駅前広場だったが、駅舎の増築にあわせて明るい雰囲気の芝生広場が整備され、豊かな都市空間が創出された（写真12）。

　こうした豊かで魅力的な都市空間の創出はLRT整備においても非常に重要視されており、LRT整備事業費の一定割合がこうした魅力的な都市空間の創出のために充てられている。たとえば、駅の券売機にデザイン性の高いものを採用したり、沿道にオブジェを設置しているほか、2000年に延伸されたLRT B線のホエンハイム - ガレ駅では、駅とパーク＆ライド駐車場全体のデザインを建築家のザハ・ハディッド女史に依頼し、斬新なデザインが採用されている。

　近年では、2017年にLRT D線がライン川を越え隣国ドイツの都市ケールまで延伸されたが、この延伸は、この地域を国境を越えた豊かで持続的な都市空間とすることを目指して進められている都市開発プロジェクト（project Deux-Rives）の一環として実施されている[20]。

　また、このD線の南には、2004年にドゥ・リーヴという両国国境をまたぐ都市公園が整備され、市民の憩いの場となるなど関連する都市開発が進められている。さらに、これまでLRTの路線は周辺に住宅等が立地するなどすでに都市化している場所に整備されてきたが、この都市開発プロジェクトには、LRT沿線で約3千戸の住宅開発計画や学校の建設計画が含まれており[20]、今回のD線の延伸は、都市化に先立ち実施されたものである。このD線の延伸はストラスブールの都市政策のなかでも初めての試みであるとされており[25]、LRT整備と都市政策がより一層緊密に連携し進められている。

5章　フランス・ストラスブール　147

4 / 交通政策を中心とした都市政策の成果

　ここまで、都心の活性化に成功したまちとして広く知られるようになったストラスブールにおけるLRTを中心とした一連の交通政策と関連する都市政策について紹介してきた。ここでは、こうした一連の政策を継続して進めてきたストラスブールのまちが、現在どのようになっているのかを、実際の統計データに基づき検証してみることにする。

4.1　多くの人々が利用する公共交通

　LRT整備を中心とする都市交通政策を軸としたまちづくりを推進してきたストラスブールにおいて、公共交通利用者数はどのように変化したのだろうか。

　ストラスブールでは1994年に初めてLRT A線が開業したが、その直後の1995年から2015年までの、都市圏人口と公共交通利用者数の推移[*3,26]を図4に示す。2015年の都市圏人口は約48.3万人で1995年の約44.8万人と比較して約3.5万人、7.9%の増加となっているのに対して、2015年の公共交通利用者数は1日約33.0万人で1995年の約14.9万人と比較して約18.0万人、222%の増加となっており、2倍以上の非常に高い増加率となっている。このようにストラスブールでは、サービスレベルの高い便利な公共交通を中心部に整備することによって、人の流れを中心部に誘導し、賑わいを取り戻すことに成功したのである。

　日本の地方都市では、公共交通利用者の減少→サービスレベルの

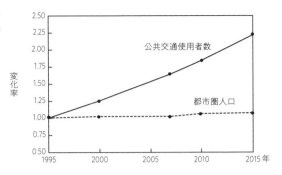

図4 ストラスブールにおける都市圏人口と公共交通利用者数の推移

低下→利用者のさらなる減少といった負のスパイラルに陥っているところが多いが、ストラスブールでは、公共交通サービスレベルの向上→利用者の増加→サービスレベルのさらなる向上という正のスパイラルを実現し、まちの魅力をより一層高めてきたのである。

4.2　コンパクトな都市構造

　コンパクトなまちは、一般的に、居住や業務などといった都市活動の空間的密度が高いだけでなく、都市活動の密度が高い中心核や鉄軌道等の都市内交通軸を有している。また、都市構造のコンパクト化を考える際には、環境負荷の低減や、都市経営の効率化などとともに、都市活動を支えるモビリティの確保が重要な課題として挙げられる。

　日本においても、人口減少・高齢化が進むなか、特に地方都市において、都市全体の構造を見渡しながら、住宅および医療・福祉・商業その他の居住に関連する施設の誘導と、それと連携した地域公共交通ネットワークの再編を行うことにより、コンパクト＋ネットワークの実現を図ることが目指されている[*27]。

そこで、ここでは、日本とフランスにおける人口100万人以下の地方都市および都市圏を対象として[28]、鉄軌道駅周辺にどの程度の人々が集中して居住しているかを示す都市内鉄軌道駅勢圏人口カバー率を比較してみることにする。

図5に示すように、日本の都市の平均カバー率は15.5％であるのに対して、フランスの都市の平均は20.9％と高くなっている。なかでも、ストラスブールのカバー率は44.2％と日本とフランスの対象都市の中で最も高い値となっており、都市全体において、鉄軌道駅の周辺に多くの人々が居住していることがわかる。

次に、中心部に着目してストラスブールの都市構造を見てみることにする。まず、ストラスブールの都市計画ローカルプラン（PLU）において中心部のゾーニングがどのように規定されているかを図6に示す。

中心部の南半分は保全活用計画（Plan de sauvegarde et de mise en valeur：PSMV）地区となっており、歴史的建造物が面的に保全されている。この地区には、15世紀に完成したストラスブール大聖堂（写真13）やプチ・フランス地区（写真14）なども含まれ、歴史的なまちなみが残されたエリアとなっている。

一方、北半分は住宅、商業、公共施設といった複合的な土地利用ゾーン（UAB1）となっており、建物の最大高さが20mに制限される（20mET）とともに、住宅割合の最低値（35％）が定められている（SMS2）[29]。

それぞれのエリアにおける実際のまちなみを示しておこう。写真15は保全活用計画地区内にあるグラン通り、写真16は複合的な土地利用ゾーンにあるメサンジュ通りの様子である。いずれの通りにも高層建築物はなく中低層の建物が建ち並んでいることがわかる。中心部のトランジットモール内にありLRTネットワークの結節点

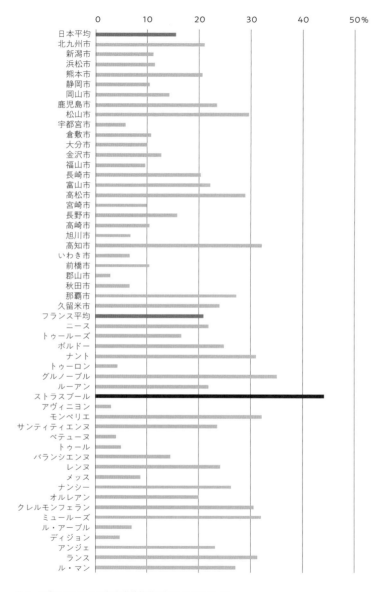

図5 日本とフランスの都市内鉄道軌道駅勢圏人口カバー率

図6 ストラスブール中心部のゾーニング（出典：＊20、一部加筆）

左：写真13 中心部グランド・イルに建つストラスブール大聖堂
右：写真14 アルザス地方の歴史的なまちなみが残るプチ・フランス地区

写真 15　保全活用計画地区にあるグラン通り

写真 16　複合的な土地利用ゾーンにあるメサンジュ通り

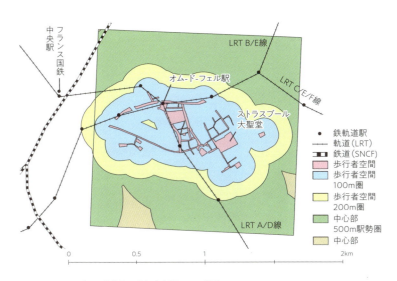

図 7　ストラスブール中心部の歩行者空間と LRT 路線

5章　フランス・ストラスブール　153

でもあるオム - ド - フェル駅周辺には、都市計画上こうしたゾーニングが規定されているのである。

続いて、中心部の歩行者空間ならびに鉄軌道路線・駅を図7に示す[30]。ストラスブールの中心部においては、ほぼすべてのエリアが500m駅勢圏に入っており、500m駅勢圏面積カバー率は97.1%、人口カバー率は98.6%と非常に高い値となっている。また、ストラスブールの中心部における歩行者空間内、歩行者空間100m圏、200m圏に含まれる鉄軌道駅数は、それぞれ、3駅、5駅、7駅と、歩行者空間と鉄軌道駅の近接性も高くなっており、鉄軌道駅と歩行者空間がコンパクトにまとまった中心部となっている。

以上のように、これまでの一連の交通政策を中心とした都市政策の結果、ストラスブールでは、鉄軌道駅の周辺に都市圏人口の半数近くの人々が居住する非常にコンパクトな都市構造が形成され、中心部においては、ほぼすべての場所から500m以内に歩行者空間と近接した鉄軌道駅が整備され、誰もがいつまでも快適に住み続けることができる魅力的なまちとなったのである。

5／日本への示唆

LRTの導入を中心とした一連の都市交通政策の実施によって、ストラスブールのイメージは一変したといわれている[11]。

これまで述べてきたように、ストラスブールにおいて交通政策を軸として進められてきた都市政策は、コンパクトなまちを目指して進められてきたわけではなく、環境に配慮し、人々が快適に住み続けられるまちを目指して進められてきたものである。そして、個々の施策においても、住民や利用者の立場に立った非常に細やかな配

慮や工夫が至る所になされており、ストラスブールのまちづくりを知れば知るほど、よりよいまちをつくろうという強い意思が明確に伝わってくる。

　さらに、これら一連の政策が、20年以上にわたって、一貫して継続されてきたことにも大いに注目すべきであろう。この間、政権が代わったこともあったが、多くの住民に支持された一連の都市交通政策は長期にわたって継続され、環境悪化や中心部の衰退などまちが抱えるさまざまな問題を解決すべく、ありとあらゆることに全力で取り組んだ弛まない努力の結果が現在のストラスブールのまちなのである。そしてその努力は現在もなお続けられているのである。

　こうしたまちづくりを進めていく上では、住民の合意形成は非常に重要である。LRT B/C/D 線の延伸、E 線の建設が進められていた 2005 年当時のストラスブール広域自治体連合（Communaté urbaine de Strasbourg：CUS）における LRT プロジェクトの最高責任者だったアンドレ・マルク氏は、何度も繰り返し住民に対する説明会を開催し、プロジェクトの内容を正しく理解してもらうこと、住民にプロジェクトに対する関心を持ってもらうために、プロジェクトにとってポジティブな情報だけでなくネガティブな情報も含め、マスメディアやリーフレットなどの媒体を通じて、毎日情報を提供し続けること、そして、必要に応じて住民の意見を踏まえて計画を見直すことが、プロジェクトに対する住民の合意形成において重要であると語っている[31]。

　まちづくりの成功事例として取り上げられることの多いストラスブールにおいても、すべてがスムーズに進んできたわけではなく、住民の合意を形成するために多大な労力がかけられたという事実を心に留めておく必要があろう。

＊ 1 L'Institut national de la statistique et des études économiques（INSEE）: Dossier complet Évolution et structure de la population en 2015 Commune de Strasbourg

＊ 2 2016年12月31日時点。2017年1月1日にアヘンハイム、プロイシュヴィッカースハイム、アンジャンビートン、コルブスハイム、オストフェンの五つのコミューンが新たに都市圏に加わり33コミューンとなった。コミューンとは、フランスにおける基礎自治体。日本の市町村に相当するが、その規模は市町村に比べて小さい。

＊ 3 Centre d'études et d'expertise sur les risques, l'environnement, la mobilité et l'aménagement（CEREMA）: *Transports collectifs urbains de province Évolution 2010 - 2015*, 2016

＊ 4 Bus à haut à niveau de service の略。英語では Bus with High Level of Service（BHLS）。

＊ 5 ストラスブール交通公社（Compagnie des Transports Strasbourgeois：CTS）のホームページ

＊ 6 松中亮治「環境グルネル関連プロジェクトにみるフランスの都市公共交通政策の動向」『都市計画論文集』47巻2号、2012

＊ 7 Loi n° 82-1153 du 30 décembre 1982 d'orientation des transports intérieurs

＊ 8 松中亮治「文献調査に基づく LRT 導入の影響とその評価に関する研究―ストラスブール・ミュールーズを対象として」『都市計画論文集』43巻3号、2008

＊ 9 板谷和也「フランスの都市圏交通計画における政策理念と財源制度」『交通学研究2004年研究年報』2005

＊10 Loi n° 96-1236 du 30 décembre 1996 sur l'air et l'utilisation rationnelle de l'énergie

＊11 ヴァンソン藤井由実『ストラスブールのまちづくり』学芸出版社、2011

＊12 野口健幸「公共交通利用促進に向けたフランスの都市交通戦略に関する考察研究」『運輸政策研究』9巻1号、2006

＊13 Loi n° 2000-1208 du 13 décembre 2000 relative à la solidarité et au renouvellement urbains

＊14 専用の軌道ないしは車線を走行する公共交通機関、すなわち、専用軌道を持つ LRT や専用レーンを持つバスのことをフランスでは Transports collectifs en site propre：TCSP と呼び、一般的な路線バスと明確に区別されている。

＊15 Document récapitulatif de la table ronde: les 268 engagements du Grenelle, 2007.11

＊16 Loi n° 2009-967 du 3 août 2009 de programmation relative à la mise en œuvre du Grenelle de l'environnement

＊17 Loi n° 2010-788 du 12 juillet 2010 portant engagement national pour l'environnement

＊18 Loi n° 2014-366 du 24 mars 2014 pour l'accès au logement et un urbanisme rénové

＊19 内海麻利「フランスの都市計画ローカルプラン（PLU）の実態と日本への示唆」『土地総合研究』2015年冬号

＊20 ストラスブール・ユーロメトロポール（Eurométropolede Strasbourg）ホームページ

＊21 GART: *L'année 2013 des transports urbains*, 2015.9

＊22 Communauté Urbaine de Strasbourg（CUS）, Agence de développement et d'urbanisme de l'Agglomération Strasbourgeoise（ADEUS）: Bilan LOTI des lignes A　Août 2000, CHEMISE 3, 2000

＊23 松中亮治、谷口守、児玉雅則、佐々木香菜「LRT 導入が中心市街地の商業活動に及ぼした影響に関する分析－フランス・ストラスブールを対象として」『土木計画学研究・講演集』36 巻 CD-ROM、2007

＊24 ヴァンソン藤井由実、宇都宮浄人『フランスの地方都市にはなぜシャッター通りがないのか』学芸出版社、2016

＊25 Metropolé de Strasbourg: Extension de la ligne d vers kehl, une extension symbole d'une métropole européenne

＊26 Centre d'études sur les réseaux, les transports, l'urbanisme et les constructions publiques（CERTU）: *Transports collectifs urbains（TCU）: évolution 2000 - 2005*, 2006., *évolution 2007 - 2012*, 2013

＊27 国土交通省のホームページ

＊28 対象都市は次の通り。日本：三大都市圏に含まれない人口 30 万人以上 100 万人未満（2010 年時点）の 27 都市。フランス：パリ都市圏および海外地域圏に属する都市圏を除く人口 20 万人以上 100 万人未満（2011 年時点）の 25 都市圏。

＊29 Agence de développement et d'urbanisme de l'Agglomération Strasbourgeoise（ADEUS）, Eurométropolede Strasbourg : *Plan Local d'Urbanisme*, 5. RÈGLEMENT ÉCRIT, 2018

＊30 図 7 における中心部とは、都市地図（Blay Foldex, -Plan de Ville- Strasbourg, 2010）に中心部として記載されている範囲である。

＊31 アンドレ・マルク氏（André Von Der Mark、ストラスブール広域自治体連合トラムプロジェクト最高責任者）へのヒアリングによる、2005 年 9 月 27 日実施。

6章

アメリカ・ポートランド
―住民参加によるメリハリある土地利用と交通政策

氏原岳人
うじはら・たけひと

岡山大学大学院環境生命科学研究科准教授。1981年生まれ。岡山大学大学院環境学研究科博士後期課程修了。日本学術振興会特別研究員（DC1）、ポートランド州立大学客員研究員などを経て、2016年より現職。博士（環境学）。専門は都市・地域計画学。人口減少下の持続可能な都市構造やマネジメント手法について土地利用解析や交通行動分析を用いて研究している。

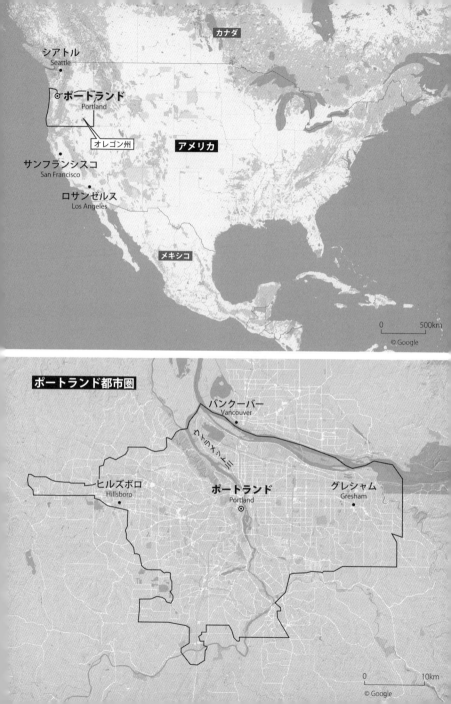

1 / ポートランドの概要

1.1 人々を引きつけるポートランドの魅力

　ポートランド市はアメリカ・オレゴン州（州都：セーラム市）の最大都市で、人口は60万人である（図1）。周辺都市もあわせたポートランド都市圏は人口約160万人で、日本の岡山都市圏と同規模となる。ウィラメット川流域に市街地が拡がり、マウントフッドなどの大自然に囲まれた場所である。夏は比較的乾燥しつつも涼しく、冬はそれほど寒くならないため、とても過ごしやすい。

　このポートランドは、日本の都市や交通に関わる専門家の間ではずいぶん前から知られた存在であったが、最近では一般の人々にも広く認知されるようになった。そのきっかけは、ポートランドを紹介する一般向けの書籍がいくつか出版され、ポートランド自体の魅力に加えて、そこに住むポートランダーのライフスタイルにもスポットが当たったことが大きい。

　ポートランダーの暮らしは、「（端的に言えば）地産地消などのローカルフードを好み、自動車だけでなく徒歩や自転車、公共交通も利用するエコなライフスタイル」などと紹介されることが多く、アメリカではとても珍しい存在として注目されている。「Keep Portland Weird」という言葉をまちのいろいろな場所で目にする。これは「（ポートランドやポートランダーは）変わり者のままでいよう」という合い言葉であり、「他の地域とは違う」というポートランダーの誇りである。このようなサステイナブルな暮らしを求めて、全米だけでなく世界中から人々がやってくる。今ではポートランドは「全

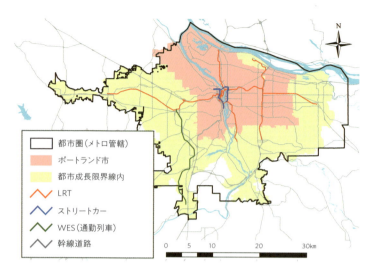

図1 ポートランド市および都市圏

米で最も住みたいまち」と評価されている。

　それでは、このように人々を引きつけるポートランドのまちづくりに都市計画や交通計画はどのように貢献をしたのか、その答えを探っていきたい。

1.2　なぜ、ポートランドに着目するのか？

　アメリカでは、T型フォードの普及にともなって1920年代頃からモータリゼーション(車の大衆化)が始まった。ちなみに日本はそれから遅れること40年後の1960年頃からである。現在もアメリカは人口あたりの自動車保有台数が世界第1位であることからも、アメリカ人の暮らしに自動車は欠かせない存在であることがわかる。

　それゆえにアメリカの諸都市は、自動車利用を大前提とした郊外

		ポートランド都市圏	日本（岡山都市圏）
都市圏人口（万人）		160	153
市街化区域	人口（万人）	150	109
	面積（k㎡）	1,044	263
	人口密度（人/k㎡）	1,437	4,138

表1　ポートランド都市圏と日本の地方都市との比較（2010年）

に薄く拡がる低密度な市街地が一般的である。このため、日本の地方都市と比較した場合、市街地の人口密度は高くなく、必ずしもコンパクトな都市とはいえない（表1）。

　それでは、なぜポートランドに着目するのか？

　コンパクトシティが注目される背景には、高度経済成長期からのモータリゼーションや都市のスプロール（郊外部の農地を侵食する無計画な開発）という都市計画上の非常に悩ましい課題への処方箋として期待があった。別の言い方をすれば、「人と自動車」や「都市と農村」という相反する事象のなかで発生する多様な外部不経済に対して、「都市をつくる側に何ができるか」という問いでもある。

　ポートランドは、それらの問いに対して、1970年頃から真剣に向きあってきた。その結果として、メリハリある土地利用とバランスのとれた交通ネットワークを有する都市をつくりあげた。コンパクトシティの背景にあるモータリゼーションや都市のスプロールに対して、うまくつきあい解決するための方法論は日本の都市にとって参考になるはずである。

1.3 モータリゼーションからの新しい動き

　1960年代までのポートランドは、アメリカの典型的な地方都市の一つであり、モータリゼーションによる大気汚染や中心部の衰退、郊外部の無秩序な開発などの数多くの都市問題に悩まされていた[*1]。この当時から、ポートランドではウィラメット川周辺の優良な森林や農業地帯への都市開発に対する不満が住民たちから沸き起こる。

　そして1970年代にまちづくりの大きな転換期を迎える。1971年、山間部への高速道路の建設計画に対して住民が強く反対したため、ゴールド・シュミット市長（当時）のもと、その予算をLRT建設などの公共交通を充実させるための費用に回した。また、ウィラメット川沿いの高速道路を市民が憩う公園に転換したり、市中心部のLRTが交差するメインエリアにある立体駐車場を市民からの寄付なども募り公園（パイオニア・コートハウス・スクエア）にし、今では毎週のように市民が集うイベントが開催されている（写真1）。

　今でこそ、日本でも自動車のための空間を歩行者や公共交通のための空間に転換させる動きが見られるようになったが、ポートランドでは40年以上前から自動車に過度に依存したまちづくりに対して、このような住民側からの新しい動きが始まっていた。ただし、アメリカの他都市でもその当時から同じような動きがあったかというと、そうではなく、ポートランド独特の動きであった。

　一方、公共交通の運営自体も転換期を迎えている。その当時、ポートランドのバス事業を担うローズシティ・トランジット社は、急激なモータリゼーションの進展に伴う利用者の減少によって倒産を余儀なくされた。1969年に、それらの路線を引き継ぐ形で、公的な機関としてトライメット（Trimet）社が設立された。その後、その他の民間バス事業者の運営も引き継ぎ、ポートランド都市圏の公

6章　アメリカ・ポートランド　163

写真1　立体駐車場を公園に転換したパイオニア・コートハウス・スクエア

共交通をトライメット社が一元的に管理することになる。1973年には、「即時アクションプラン（immediate action plan）」と「1990年に向けたマスタープラン（1990 Master Plan）」が策定され、バス交通の再編と充実が図られるとともに、1980年にはLRT（ポートランダーはLRTのことをMAXと呼ぶ）が開通した。

1.4　都市の空いた空間をうまく活用する

　ポートランドでは、従来の用途にとどまらない斬新なアイデアによって、空いた空間をうまく活用し、そのエリアの価値を高めることに成功した事例が数多い。エリアの価値を高めることは、その地域に人々を呼び込むことにつながる。人口が減少し、空いた空間が

写真2 パール・ディストリクトの倉庫をリノベーションしたショップ

写真3 住宅地内のコミュニティガーデン

写真4 市内に500ある移動式屋台、フードカート

6章 アメリカ・ポートランド　165

増大する日本の都市においてもこのような柔軟な発想が求められる。

1）パール・ディストリクト

　ポートランド市の中心部にあるパール・ディストリクトは、鉄道の操車場や倉庫街であったが、産業構造の変化によってあまり活用されず荒廃していった。このため1980年代からこのエリアを再生させるためのまちづくり活動が始まり、ポートランド市開発局（Portland Development Commission：PDC）と民間ディベロッパーの公民連携による再開発が進められた。2001年にはストリートカー（路面電車）も延伸され、公共交通によるアクセスも容易になった。

　再開発された倉庫街は、その特徴を活かしたリノベーションによってスタイリッシュなカフェやギャラリー、ショップに変貌した（写真2）。1階は店舗、2階より上階は質の高いマンションといった用途混合型の開発が多く見られ、賑わいをもたらすセンスのよい店舗と、それら店舗のターゲット層となる居住者の誘導にもつながっている。歩いて楽しいまちとなったパール・ディストリクトは、デザイナーやアーティストなどのクリエイティブな人々が集まる、ポートランドを代表する商業エリアに成長した。

2）コミュニティガーデン

　個人や団体が所有していた、あまり活用されていない土地をポートランド市の管理のもとでコミュニティガーデンとして地域住民に貸し出している[*2]。0.1エーカー（約400㎡）に満たないものから1エーカー（4㎢）以上の大規模なものまで市内に約50カ所存在する。

　住民は決められた規約を遵守し、細分化された区画を借りて好み

の農作物を育て、住民間でのコミュニケーションを図っている（写真 3）。レンタル費用は土地の広さによって異なるが、18 ㎡ほどの土地で年間 57 ドル（約 5700 円）を支払う必要がある。いずれの場所も空き待ちの状態であり、場所によっては 3 年以上先まで予約が埋まっているという。

3）フードカード・ポッド

　ポートランド市内には「フードカート」と呼ばれる移動式屋台がある（写真 4）。市内だけで約 500 のカートがあり、それらカートがたくさん集まったポッド（Pod）は 40 ほどにのぼる。地元住民だけでなく観光客にも人気が高く、ポッド周辺は非常に賑わっている。中華やエスニック、和食などのバラエティ豊富な料理が低価格で提供されている。

　ポッドは中心部に比較的多いが、郊外の住宅地にも存在しており、平面駐車場を活用している場合が多い。駐車場の側面に沿うようにフードカートが並び、道路の歩道側に向かって営業している。駐車場の余った空間を活用することで、まちなかの賑わいスポットを創出するとともに料理人にとってのビジネスの場にもなっている。

2 ／ポートランドの都市政策

2.1　広域行政メトロ

　ポートランドには「メトロ（Metro）」と呼ばれる広域行政機関が存在する。メトロについては、さまざまな文献で紹介されているが[*3]、本稿では、以下の三つの視点からメトロの特徴を整理する。

6章　アメリカ・ポートランド　167

1）都市圏単位

　都市の拡がりや人々の日常的な行動は、基礎自治体（たとえば、ポートランド市）の行政範囲とは必ずしも一致しない。実際には、複数の自治体をまたがる形になっており、このような範囲を都市圏という。ポートランド都市圏（Portland metropolitan area）では、自治体の枠を超えるような業務については、より実態にあわせて広域な視点から調整できるメトロが担当する。具体的な業務内容は、都市圏の土地利用計画や交通計画の立案・実施、自然エリアの保護や廃棄物処理の計画・運営などである。

　日本の都市計画や交通計画は、地方分権の流れにあわせて基礎自治体が主に担当しており、都市圏の視点から見ると自治体間での計画や施策に不整合が見られることも多い。

2）権限とビジョン

　オレゴン州法に基づきメトロは設立されている。3郡、24市の居住者により4年に一度の選挙によって選ばれたメトロ長官と小選挙区の6名の議員から構成されるメトロ評議会、そして1,600名を超えるスタッフによって運営されている。2018〜19年度予算は約6億7千ドル（約600億7千万円）にのぼり、収入源は廃棄物処理による収入やメトロが運営するコンベンションセンターや動物園などの入場料が大きなウエイトを占めるが、その他には固定資産税による税収や連邦政府からの補助金がある[4]。

　メトロ評議会によって1995年に採択された「2040年に向けた成長コンセプト（2040 Growth Concept）」によってポートランド都市圏の 今後50年間の成長ビジョンが定まった。その具体的な方針は、「土地と経済の効率化のためのコンパクトな開発」「農地や自然環境の保全」「人と物を動かすためのバランスのとれた交通システ

ム」などが挙げられている。

つまり、メトロの中長期的なビジョンとしては、自動車や公共交通システムなどの移動手段のバランスに配慮したメリハリのあるコンパクトな市街地を目指している。都市成長境界線（後述）によって都市の成長を厳しく管理するとともに、中心部や郊外拠点などの都市を構成するエリアごとに階層的な計画を策定している。

なお、日本の区域区分（線引き制度）も都市成長境界線と同様に都市化をコントロールする手段であるが、実際には都市化すべきではないエリア（市街化調整区域）であっても開発が散見される。

3) 根拠に基づく政策立案

近年日本でも、「根拠に基づく政策立案（Evidence Based Policy Making：EBPM）」の重要性が注目されているが、メトロにはポートランド都市圏の政策を検討するための根拠を提供する独自の研究機関（リサーチセンター）がある。センターの業務は、統計データの収集、それらを GIS 化し視覚的に住民等にわかりやすくマッピングするような基本的な分析から、交通需要モデリングや大気環境分析、土地利用と経済の将来予測といった高度な分析まで広範多岐にわたる。

オレゴン州法ではメトロ評議会によってポートランド都市圏の今後 20 年間の住宅需要と雇用の変化を予測し、それに適した都市成長境界線の容量を決定することが求められている。その評価のために「都市成長レポート（Urban Growth Report）」が必要に応じてとりまとめられる（写真5）。このレポートは 20 年後（2035 年）のまちの姿を、住宅需要や雇用などの各種データによって具体的に予測し、その結果に基づき開発に必要な土地の量を推計する。その結果を参考にして、都市成長境界線の拡大の有無や位置、規模など

6章　アメリカ・ポートランド　**169**

 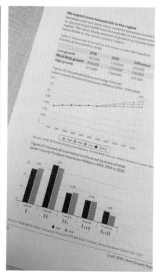

写真5　メトロ評議会が発行する都市成長レポート

が検討される。

　日本にも都市の現況や将来の見通しを把握するために都市計画法に定められた都市計画基礎調査があり、各自治体が膨大な労力とコストを費やして実施しているが、計画等に十分に反映されているとは言いがたい。

2.2　土地利用

　日本の地方都市は中心部の駅から列車に乗って15分もすれば、車窓には都市とも農村とも区別のつかないまちなみが続く。一方、ポートランドでは「都市成長境界線（Urban Growth Boundary：UGB）」によって、市街化すべき地域と自然環境を保全すべき地域が明確に区分されている（写真6、図1）。都市の拡大を適切にコン

トロールすることによって、農村や山間部の自然環境を保全するとともに、都市部の集積のメリットを活かす効率的な土地利用になっている。

1973年、オレゴン州のトム・マッコール知事（当時）は、スプロールによる都市開発によって、基幹産業である農業や林業、その風景などの自然資源が破壊されることを危惧し、オレゴン州の土地利用を定める上院議員法案100（Setena Bill 100）を定めた。

州政府は土地利用に関する19の目標（図2）を示し、

| 1. 住民参加 |
| 2. 土地利用計画 |
| 3. 農業用地 |
| 4. 森林地域 |
| 5. オープンスペース、歴史的地域、自然資源 |
| 6. 大気、水、土地資源の質 |
| 7. 自然災害の恐れのある地域 |
| 8. レクリエーション・ニーズ |
| 9. 経済 |
| 10. 住宅 |
| 11. 公共施設・サービス |
| 12. 交通 |
| 13. エネルギー保全 |
| 14. 都市化 |
| 15. ウィラメット川緑道 |
| 16. 河口資源 |
| 17. 海岸地域 |
| 18. 浜辺と砂丘 |
| 19. 海洋資源 |

図2　オレゴン州政府が定める土地利用に関する19の目標（出典：＊5）

州内にあるすべての自治体に土地利用計画の策定を義務づけている。それら計画は土地保全開発委員会によって州政府の目標との適切さや整合性がチェックされ、問題なければ承認されるしくみを構築した。19の目標は、農業用地や森林地域などの自然資源ごとに定められている。目標1は住民参加となっており、行政主導によって土地利用計画をつくりあげるのではなく、計画の策定プロセスにおいて住民と一緒になって検討しなければならない。なお目標14に都市成長境界線の設定が義務づけられている。

写真6　都市成長境界線上の風景（左側：住宅地、右側：農村地帯）

写真7　LRT（左）とストリートカー（右）

写真8　トランジット・モール（左から、LRT、バス、自動車）

172

2.3 交通政策

ポートランド都市圏では、土地利用計画によってうまくコントロールされた市街地に対して、多種多様な交通ネットワークが有機的につながっている（図1）。

LRT、ストリートカー（路面電車）、バス等の複数の公共交通機関（写真7）がトライメット社によって一元的に管理されている。予算の約半分は税収（給与額の約0.7％）によって賄われており、そのほか連邦政府や州からの補助金があり、運賃収入は全体の15％ほどしかない[6]。

日本の公共交通事業者のような独立採算制ではなく、「公共の乗り物」として住民の税金によって支えられているため、極めて高い利便性を有した公共交通システムとなっている。一つのチケットですべての乗り物を利用でき、ストレスなく乗り換えられる。ストリートカーは都心部の移動手段として、LRTは都心部と郊外部を結ぶ手段として、バスは都市圏全体を網羅する手段として、それらが有機的に結びつくことによって公共交通の利便性を格段に高めあっている。

ポートランド都市圏内のLRTは5路線(96.9km)、ストリートカーは2路線（11.6km）、バスは79路線を運行しており、現在でも拡張され続けている。運行頻度は15分に1本以上を基準としている。LRTとストリートカーは概ねその基準に対応しており、バスは12路線で対応している[7]。

たとえば、ポートランド都市圏西部の拠点であるヒルズボロ市の駅からポートランド市の中心地まで運行するLRTの時間間隔は、平日のピーク時は約5〜7分ごと、オフピーク時でも約15分ごとである。運賃は2.5時間で大人2.5ドル（約250円）、高齢者・子

6章 アメリカ・ポートランド　173

どもは 1.25 ドル（約 125 円）であり、時間内であればどの公共交通も乗り放題である。また、一部の LRT の駅にはバスターミナルが併設されており、対面乗り換えもできる。バスだけなく、駐輪場や駐車場を併設した駅もあり、郊外部からのパーク＆ライドも可能である。このほか自転車の持ち込みや車椅子の乗り込みなど多様なモビリティに対応したサービスもある。

　公共交通だけでなく、ポートランド市では 2010 年に「2030 年に向けた自転車計画（Portland Bicycle Plan for 2030)」を策定し、世界トップクラスの自転車のまちを目指している。2008 年時点で274 マイル（約 440km）だった自転車走行空間を 2030 年には 962マイル（約 1,540km）まで拡張するという野心的な目標を掲げている。なお、1971 年に策定されたオレゴン州自転車法（Oregon Bicycle Bill）では、幹線道路予算の最低 1%を自転車道や歩道整備に充てることが定められている。

　加えて、都心部には自動車の乗り入れを規制してバスや路面電車などの公共交通や歩行者の移動を優先した、約 3km の「トランジット・モール」がある。歩行者はゆったりとした歩道を通行し、3 車線（一方通行）のうち、2 車線を LRT とバスが利用し、残りの 1車線を自動車が利用している（写真 8）。

　その一方で、ポートランド都市圏の郊外部はアメリカの他都市と同様に自動車のための道路網がしっかりと整備されており、自動車の利便性は高い。また、都心周辺には環状道路も整備されており、このため都心部は人口規模のわりに自動車の交通量は極めて少ない。つまり、自動車の利便性を確保しつつも、都心部は徒歩や自転車、公共交通を優先した人中心の空間利用がなされている。

2.4 住民参加

先に述べた 1971 年の高速道路の建設反対運動を機に、ポートランド市では住民主体の都市政策の機運が高まり、1973 年にはトム・マッコール知事により、オレゴン州の土地利用計画にも住民参加が位置づけられている。

同年には、住民参加を政策の基本柱とするニール・ゴールドシュミットがポートランド市長に就任し、翌 1974 年に、ポートランド市に「ネイバーフッド・アソシエイション（Neighborhood Association、NA）」を管轄するネイバーフッド・アソシエイション課（Office of Neighborhood Association（ONA）、1998 年 に Office of Neighborhood Involvement（ONI）、2018 年に Office of Community and Civic Life）が設立された。

ポートランド市を 7 地区に分け、それぞれに「地区連合（District Coalition）」の事務所が置かれ、そのもとに 95 のネイバーフッド・アソシエイションが地域住民の生活の質の向上を目的として活動しており、今ではポートランド市の住民参加の基盤的な組織となっている。まちづくりに関心を持つ個人の自主的な集まりであり、地域コミュニティの親睦を深めるための活動から行政のまちづくりへの関与まで、非常に幅広い役割を有している。また、会費は徴収されておらず、ポートランド市から地区連合を介して、まちづくり活動に必要となる予算が配分されている。行政側は、まちづくり等において住民参加が必要となる場合には、まずネイバーフッド・アソシエイションに呼びかけるなど、地域の将来を住民と考えるための組織として期待している。日本の町内会組織と比べられることが多いが、まったく異なる組織である。

3 ╱ 都市政策の成果

3.1　都市政策を評価する

　ここまでポートランドの都市政策やそのエンジンとなる住民参加について述べた。これらの成果として、ポートランドは「全米で最も住みたいまち」と評されるまでになった。このほか、「世界で最も住みやすい25都市」（MONOCLE）や、「世界で最も環境にやさしい10都市」（Halfprice.com.au）など、各分野から数々の高い評価を得ている。このことからも、ポートランドの都市政策が一定の成果を収めていることがわかる。

　ここでは岡山大学氏原研究室によって実施したアンケート調査の結果に基づいて、ポートランドの都市政策の成果の一端を検証してみる。

3.2　移動の利便性

　ポートランド都市圏の都市政策は土地利用計画と交通計画を両輪として、都市域を都市成長境界線により厳密に区分するとともに、都市内部に極めて高水準な公共交通システムを整備した。本節では、その結果として人々の移動のしやすさにどのように寄与したのかを簡単に検証する[8]。なお、人口規模が類似した岡山都市圏を比較対象としており、それぞれの住民を対象としたウェブアンケート調査に基づいている。

　まず、「どのような手段によって移動しているのか」を把握する。

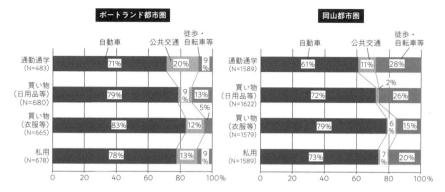

図3 ポートランドおよび岡山都市圏の代表交通手段分担率 (調査:岡山大学氏原研究室)

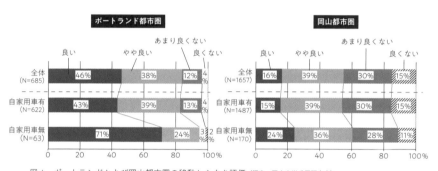

図4 ポートランドおよび岡山都市圏の移動しやすさ評価 (調査:岡山大学氏原研究室)

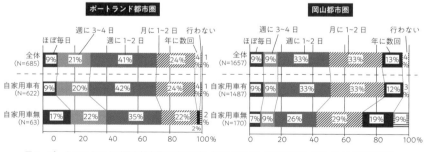

図5 ポートランドおよび岡山都市圏の私用目的 (買い物以外) の外出頻度 (調査:岡山大学氏原研究室)

6章 アメリカ・ポートランド 177

それぞれの住民の代表交通手段分担率を図3に示す。自動車分担率は、ポートランドの被験者の方が若干高く7割強である。また、ポートランドでは公共交通の割合が高く、岡山では徒歩や自転車などの割合が高い。今回の調査結果を見ると、公共交通先進地域であるポートランドだが、必ずしも自動車分担率が低いわけではないことがわかる。

次に、「日常生活の移動のしやすさ」に対する評価を図4に示す。ポートランドの被験者の46％が「良い」と評価する一方で、岡山は16％にとどまっている。自家用車の保有別で見ると、ポートランドの自家用車を持たない被験者の71％が「良い」と評価する一方で「あまり良くない」と「良くない」は5％程度である。ポートランドの被験者の多くが日常生活の移動のしやすさに満足しており、特に自家用車を持たない人の評価が高いことがわかる。

さらに、私用目的（買い物以外）の外出頻度を見ると（図5）、ポートランドでは自家用車を持たない被験者ほど外出頻度が多くなる一方で、岡山ではそれら被験者の外出頻度は相対的に少なくなる。

つまり、今回の調査結果に基づけば、ポートランドでは自家用車がないからといって移動に不自由を感じることは少ないことがわかる。この結果は、公共交通システムを高水準に整備することによる一つの効果である。

3.3　都市政策への住民の関わり

1970年代の住民活動を経て、都市政策の方向性が大きく変わり、行政とともに現在のポートランドがつくられた。ここでは、ポートランド市の住民の都市政策への関わり方や行政との関係性について簡単に検証する。比較対象は岡山市としており、それぞれの住民を

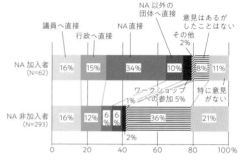

図6 ポートランドおよび岡山市の行政へ意見を述べる方法（調査：岡山大学氏原研究室）

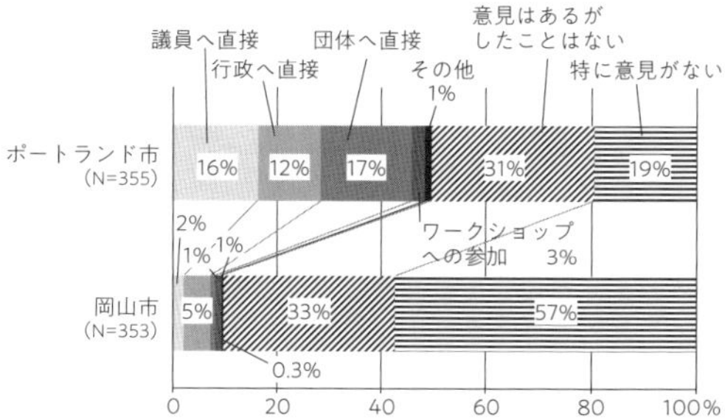

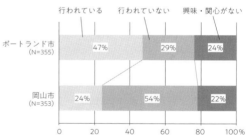

図7 ポートランドのネイバーフッド・アソシエイション加入者・非加入者の行政へ意見を述べる方法（調査：岡山大学氏原研究室）

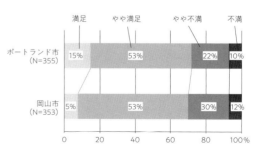

図8 ポートランドおよび岡山市の政策への住民意見の反映に対する評価（調査：岡山大学氏原研究室）

図9 ポートランドおよび岡山市の行政に対する総合満足度（調査：岡山大学氏原研究室）

6章 アメリカ・ポートランド 179

対象としたウェブアンケート調査に基づいている。

　まず、「行政に対して意見を述べる方法」について図6に示す。それによると、岡山と比較して、ポートランドでは「特に意見がない」という割合が格段に低いことに加えて、多様な手段によって行政に意見を述べていることがわかる。なお、「団体へ直接」という項目は、主にネイバーフッド・アソシエイションが該当する。

　次に、ネイバーフッド・アソシエイション加入者と非加入者を見ても（図7）、「ネイバーフッド・アソシエイションへ直接」の割合が最も高いことから、ネイバーフッド・アソシエイションが行政への意見を仲介する場として機能していることがわかる。

　次に、「そうした住民意見が政策に反映されているか」についても（図8）、ポートランドで「行われている」の割合が相対的に高くなっている。なお、両市ともに2割強は「興味・関心がない」と回答しており、いずれの都市でもこのような無関心層が一定割合存在している可能性がある。

　さらに、「行政への満足度」についても（図9）、ポートランドでは、「満足」の割合が相対的に高い（まちづくり活動によく参加する人ほど、行政への満足度が高いという結果も得られている）。つまり、ポートランドでは住民の意見を聞くためのチャンネルがいくつか用意されており、実際にまちづくりに自分たちの意見が反映されていると感じている人が多い。結果として、住民の行政に対する満足度も相対的に高くなっていると考えられる。

4 / 日本への示唆

1）強力なリーダーシップと政策の継続

　ポートランドは1970年代前半にまちづくりの転換期を迎えた。きっかけは、ゴールド・シュミット氏（当時のポートランド市長）とトム・マッコール氏（当時のオレゴン州知事）の就任である。両氏ともに、それまでの「郊外拡散型の車中心のまちづくり」から、「自然環境の保全や人中心のまちづくり」を軸として、強力なリーダーシップのもと住民を巻き込んだまちづくりを進めてきた。このような方向性は、法律や組織、政策という形で落とし込まれ、このまちのアイデンティティとして定着し、ポートランドのまちづくりは世界中で高く評価されるに至っている。これらからわかることは、「まちは変わる」ということである。数十年という中長期的な視点からそれを実現させたのがポートランドである。

2）都市圏単位で考える

　人々の日常生活は自治体の範囲に収まらない。このため、都市・交通政策は都市圏全体を俯瞰した時の各自治体の位置づけや交通ネットワークのつながりを考慮する必要がある。都市計画等は地方分権の流れのなかで基礎自治体に権限が移譲されてきた。当然、基礎自治体単位で考えることが望ましい施策もあるが、都市・交通政策は広域的な視点が非常に重要となる。現在では都道府県がその役割を担うことになっているが、権限や財源が十分ではない。ポートランドのメトロでは、オレゴン州法に基づき明確な権限と財源のもとで、具体的な政策が打たれている。

3）計画のためのデータ整備と分析

　日本の自治体もマスタープランを立てる際にはさまざまなデータを用いるが、その目的は現状の実態把握が多く、今後の政策に活かすための情報としては不十分である。マスタープランが今後20年間の都市計画を考えるものであることからも、現状把握よりもむしろ将来予測にウエイトを置くべきである。メトロでは、この将来予測に力を入れており、そのためのデータ収集・分析能力を有している。

　人口が増加するポートランドより、むしろ人口が減少する日本の都市の方が、このような視点が求められるはずである。望ましい都市構造とは何かを考え、将来的に都市構造がどのように変化するのか、それらを念頭に置いたまちづくりが必要となる。

4）住民参加と政策への反映

　ポートランドでは計画策定に住民参加を位置づけて、住民のまちづくりへの関心をより高めたことが、行政への信頼を高めることにつながっている。一方、手放しで行政を信頼するだけでなく、いろいろな手段で行政に意見を伝えており、住民自身もそれら意見が実際の政策に反映されていると実感している。この住民と行政の関係性こそが、ポートランドのまちづくりのエンジンになっている。強力なリーダーシップだけでは、まちは変わらない。行政と住民双方の信頼関係のもとで、よりよいまちができあがることをポートランドは証明している。

5）手段の実質化

　これまでポートランドの事例として紹介したもので、日本にも制度上存在するものは実は多い。都市成長境界線に対しては区域区分

（線引き制度）があるし、都市成長レポートに対しては都市計画基礎調査がある。しかしながら、日本では手段の目的化によって本来の機能を十分に発揮できていない。住民参加についても、日本のパブリックコメントや住民説明会等が十分に機能しているとは言いがたい。つまり、都市政策のためのプランニングツール自体が形骸化している場合がある。ポートランドでは、それぞれの手段の意義を明確にし、厳格に運用することによって実質化させている。

＊1　岩淵泰、イーサン・セルツァー、氏原岳人「オレゴン州ポートランドにおけるエコリバブルシティの形成－都市計画と参加民主主義の視点から」『岡山大学経済学会雑誌』48巻3号、2017

＊2　The city of Portland, Parks & Recreation: Community Gardens

＊3　たとえば、後藤太一「市民主体のまちづくりと広域自治－ポートランド・メトロ地域に学ぶ」『ECPR調査研究情報誌』No.2、2001

＊4　Metro, Budget in brief Fy 2018-19

＊5　Department of Land Conservation & Development, Oregon, Oregon's Statewide Land Use Planning Goals

＊6　Trimet, Adopted budget 2018・2019

＊7　Trimet, TriMet At-A-Glance 2018

＊8　吉松ひかる、氏原岳人、阿部宏史「公共交通システムの整備水準とモビリティ・ディバイドの発生状況に関する研究－ポートランド及び岡山都市圏を対象にして」『交通工学論文集』4巻2号、2018

7章

カナダ・トロント
―多様性とイノベーションを生むスマートシティ開発

藤井さやか
ふじい・さやか

筑波大学システム情報系社会工学域准教授。1974年生まれ。筑波大学第三学群社会工学類卒業。東京大学大学院工学系研究科都市工学専攻博士後期課程単位取得退学。日本学術振興会特別研究員（PD）、筑波大学大学院システム情報工学研究科講師、トロント大学スカボロ人文地理学科客員教員を経て、2012年より現職。博士（工学）。専門は都市計画、まちづくり、住環境整備。著書に『コミュニティ辞典』（共著、春風社）など。

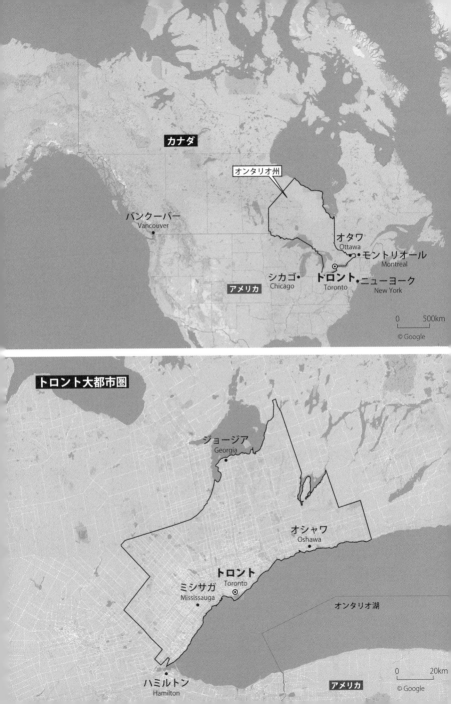

1／トロントの概要

1.1　成長著しい多文化共生都市

　トロントはカナダ・オンタリオ州の州都で、カナダ経済の中心都市である。ニューヨークやシカゴまで飛行機で1時間半ほどの好立地であることから、金融や経済、メディア、医療、観光などさまざまな産業が集積している。世界の住みたい都市ランキングや世界都市ランキングでも上位に頻出する、カナダ最大の都市で、戦後から一貫して成長が続いている（写真1）。

　2016年のカナダの国勢調査によると、トロント市の人口は約273万人で、トロント市に四つの周辺広域自治体を含めた「トロント大都市圏（Greater Toronto Area：GTA）」の人口は約642万人である。これは、ニューヨーク、ロサンゼルス、シカゴに次いで、北米で第4の都市規模である。人口増加の勢いは著しく、2011年国勢調査のトロント市人口は約262万人、大都市圏人口は約605万人、1986年調査ではトロント市約220万人、大都市圏約373万人であったところから、大きく増加しているのがわかる（図1）。人口予測では、2031年の大都市圏人口は1,150万人になるともいわれている。

　市民の多様性においてもトロントは突出している。カナダでは、1970年代から積極的な移民受け入れ政策をとってきた[*1]。その結果、トロントは世界各国から多様な人々が集まる都市となっている。

　2016年国勢調査によるトロント市人口の47%が海外生まれであり、国連人口計画によると、この値はマイアミに次いで世界で2番目に高い割合である。マイアミの海外出身者の多くが中南米である

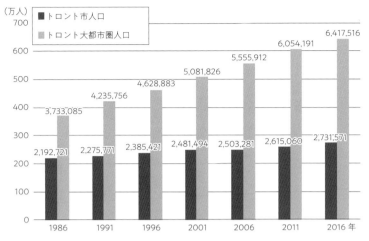

図1 トロント市およびトロント大都市圏の人口の推移
(出典:Statistics Canada のデータをもとに筆者作成)

のに対し、トロントの移民の出身国は、南アジア、中国、アフリカ、ヨーロッパと世界各国に広がる。また人口の50%以上がビジブル・マイノリティ[*2]に属している。ビジブル・マイノリティの割合は、1981年の13.6%から増加し続けており、2031年には63%にまで達すると推測されている。

定住人口の多民族化に加えて、トロントには語学留学生やワーキングホリデーのように数カ月から数年の短期滞在者も多い。トロントのまちなかを歩いていると、肌も髪の色も多様な人々とすれ違う(写真2)。アジア系の人種も多く、来訪したばかりの日本人であっても、目立つことなく、市民の1人として過ごすことができる。

多様な出自を反映して、現在トロントに住む人々が話す言語の数は160言語以上といわれている。そのため、行政サービスでは、公用語である英語とフランス語に加えて、中国語やタミル語、アラビア語などの多言語化が進んでいる。

7章 カナダ・トロント 187

写真1　トロント中心部

写真2　多様な国の出身者が集まる多国籍都市

1.2　トロントの起源と成長

　トロントは、五大湖の一つであるオンタリオ湖北部に位置している。市東部にはドン川が、西部にはハンバー川、そして複数の支流がオンタリオ湖に注ぎ込み、河川沿いは緑豊かな渓谷となっている。市全体の高低差はあまりなく、平坦な市街地が広がっている。市域は約630㎢で、南北約21km、東西約43kmである。

トロントの気候は四季がはっきりしており、カナダの中では温暖で降雪が少ない都市に分類される。夏は暑くて湿度が高く、降水量が多い。また頻繁に激しい集中豪雨が発生する。冬は低温で、氷点下 20 ～ 30℃を記録することもあるが、カナダ北部やアメリカ内陸部に比べると温暖である。

トロントのエリアには、紀元前から先住民が居住していた記録があるが、18 世紀になってからヨーロッパからの入植が始まった[*3]。本格的な都市建設の始まりは、1793 年にイギリスの植民地アッパーカナダの首都をヨーク（旧トロント砦、現在のトロント市内）に移転した頃からである。その後、米英戦争を経て、都市として発展し始めたヨークは、1834 年に人口 9 千人に達し、オンタリオ地域で最初の行政市となり、トロントへと改称された。19 世紀にかけてヨーロッパからの移住がさらに進み、人口は 1861 年に 6.5 万人となり、以来、一貫して成長を続けている。

トロントが産業都市として発展し始めたのは 1920 年代に入ってからである[*4]。第二次世界大戦中、戦争を後方支援する拠点として、自動車や航空機の関連工場、キャンベルスープに代表される食品工場などが建設され、労働人口が一気に増加し、都市規模も拡大した。戦後もアメリカに近い立地条件から、カナダの産業拠点として発展してきた。カナダの首都はオンタリオ州オタワ市だが、オンタリオ州の州都で、経済活動の中心であるトロントは、オタワよりも規模の大きな都市となっている。

1.3　低密度市街地に囲まれた高密度市街地

急成長を遂げているトロントであるが、都市計画に目を向けると、北米の都市としてはめずらしく、相対的にコンパクトな都市が形成

されている[*5]。トロントの人口密度は、北米の都市でありながら、ヨーロッパ並みの人口密度を維持している。少しデータが古くなるが、2007年の報告[*6]によると、トロント市の人口密度は1haあたり27人で、アメリカのシカゴ15人／ha、ワシントン13.3人／ha、アトランタ6.8人／haよりはるかに高密度で、マドリッド75人／ha、ベルリン39.3人／haに及ばないが、コペンハーゲン27人／ha、ストックホルム26人／haと同水準である。

　一方、同時期の自動車依存率を見ると、トロントは79%で、アメリカのシカゴ85%、ワシントン84%、アトランタ95%ほどは高くないものの、マドリッド30%、ベルリン44%、コペンハーゲン54%、ストックホルム54%よりも高い自動車依存率となっている。

　トロントの市街地は、オンタリオ湖岸の旧市街地から都市建設が始まり、都市が成長するにつれて、隣接する金融街やエンターテインメント地区に中高層の建築物が建設されていった。中心市街地内では、戦前に整備されたストリートカー網が張り巡らされ、戦後に建設された2本の地下鉄を軸に、公共交通依存型の市街地が形成されている（図2）。しかし、中心部の公共交通システムの更新は大幅に遅れており、近年になってようやく旧式ストリートカーからLRTへの転換が行われているところである（写真3）。

　郊外と中心市街地を結ぶ交通は地下鉄とバスに依存しているが、十分に整備されているとはいいがたい。郊外への地下鉄の延伸や支線の拡大は何度か計画されたものの、実現に至らず、近年になってようやく地下鉄延伸と支線の建設に着手している。しかし、1970年代以降の人口増加には対応が間に合わず、郊外には広大な自動車依存型の市街地が広がっている。

　その結果、トロントの都市構造は、「フェニックスに囲まれたウィーン」と揶揄されるように、戦前に形成された公共交通依存型

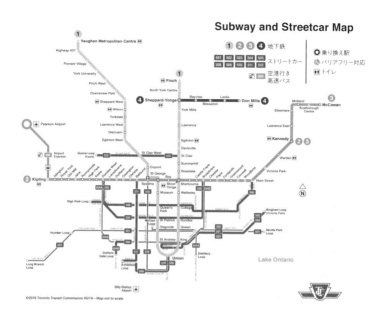

図2　トロントの公共交通体系（出典：トロント市交通局、地下鉄・ストリートカー地図、2019）

写真3　ストリートカー

写真4 高密な市街地の外側に低密な市街地が広がる（市役所に展示されている都市模型）

左：写真5 トロントの高密な中心部
上：写真6 トロントの低密な郊外

図3 オフィシャル・プランに示された都市構造（出典：トロント市オフィシャル・プラン*7、2019）

の高密な混在市街地で形成される中心部、そしてそれを取り囲むように、自動車依存度が高く、密度の低い用途純化型郊外市街地が広がるといった二つの特徴を併せ持つ都市となった（図3、写真4、5、6）。

2 ／ コンパクトな都市構造を支える都市計画

2.1　カナダの都市計画行政の基本構造

　カナダの行政機関は連邦政府、州政府、地方自治体の3層構造をとっているが、憲法上で認定されている政府は連邦と州のみである[8]（図4）。連邦政府は国益に関する領域を、州政府は地域的な利益に関する領域を掌握している。地方自治体の創設および権限は州政府にあり、地方自治体は州から委任された権限の中で行政機能を発揮する。トロント市のような大都市は、特例市として通常の地方自治体より大きい権限を委任されている。

　州は都市計画に関わる権限を有し、授権法等によって地方自治体の権限範囲を規定し、地方自治体はその範囲で条例を制定して都市計画を行う。トロント市が属するオンタリオ州では、州は州レベルの成長戦略計画や広域計画等を策定し、その内容にもとづいて、地方自治体は都市レベルのマスタープランを作成し、ゾーニングによる土地利用の調整を行う。また個別の開発に対しては、敷地分割規制やデザイン誘導などによる開発コントロールを行う。

　国の都市計画への直接的関与はないが、都市の人口増加は、国レベルの移民受け入れ政策の方針に大きく影響を受けるため、国は都市計画の前提となる都市の成長見通しに対して、間接的な影響力を有しているともいえる。また、環境保護や環境基準、国レベルのイ

7章　カナダ・トロント　193

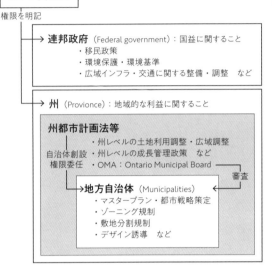

図4 カナダの都市計画行政の体系

ンフラ等については国が権限を有する。

　地方自治体が制定する条例や都市計画の内容は、オンタリオ州の行政裁判所（Ontario Municipal Board：OMB）[*9]の審査を受ける必要があり、トロント市の決定内容が行政裁判所の審査で覆ることがしばしば起きる。また、後述するように、2018年に就任したダグ・フォード州知事は、都市計画や開発許可にかかるトロント市の権限を大幅に縮小し、開発を促進する方針の下、州都市計画法の改正を次々に打ち出しており、トロントの都市計画は大きな変化に直面している。

2.2　トロントの都市計画の始まり

　北米で有数のコンパクトな都市構造を有するトロントは、1940

〜 50 年代の都市計画の枠組みによって形成され、現在もその影響を色濃く受けている[*5]。特に郊外部のスプロールを抑制できているのは、この都市計画のしくみによるところが大きい。

トロントの都市計画の枠組みができた背景には、1920 〜 30 年代の都市計画の失敗がある。戦時中の急激な労働人口増加に対して、都市計画の対応が間に合わず、深刻なスプロールが発生し、成長地域ではインフラ整備が追いつかず、後追いのインフラ費用負担に耐え切れなくなり、トロント市をはじめとする複数の自治体が財政破綻や財政難に陥ってしまったのである。

その反省から、急激な人口増加に対応した都市計画を行うために、1946 年にオンタリオ州の都市計画法が制定され、1953 年にはトロント市とその周辺 12 の自治体で構成される広域自治体である「メトロポリタン・トロント（Metropolitan Toronto、メトロ）」が設立された。

都市計画法の制定によって、各自治体は公共の上下水道システムに接続しない開発の許可を拒否できる権限を持つようになった。加えて、開発地区内の敷地分割やデザインについても、開発業者と自治体が協議調整するしくみが導入され、自治体が望ましい開発を規制誘導することが可能となった。

一方、メトロは、事実上の広域自治体として機能し、傘下の自治体や州からの補助金を使って、広域高速道路システムや公共交通システムの建設、上下水道システムの整備、業務用地の開発、自然遺産や緑地の保全に取り組んだ。

また、郊外での新規の大規模開発に対しては、メトロの上下水道システムへの接続、地区内道路網の整備、学校や公園といった地区施設用地の提供や整備を、開発事業者に義務づける開発許可のしくみが導入された。開発許可権限をもとにした開発業者との協議調整

7章　カナダ・トロント　195

は非常によく機能しており、トロント郊外部への市街地のスプロール抑制と、連続した一定の質の市街地の形成に大きく寄与している。

この開発許可のしくみによって、行政（メトロ）のインフラ費用負担が大幅に軽減されたことに加えて、行政の財源を当てにしない継続的な都市の成長も可能となった。行政がインフラ整備を担うしくみでは、都市の成長速度は行政のインフラ整備速度に制約を受けるが、開発業者がインフラ整備を行うしくみでは、開発の速度に合わせて市街地を整備していけるため、急速な都市の成長が実現した。

2.3　グリーンベルトの設定と成長管理

トロントの外周には、農地や森林、湿原、河川沿い緑地などからなるグリーンベルトが指定されている（図5）。グリーンベルトの指定と管理はオンタリオ州の管轄で、グリーンベルト法と2017年に改訂された都市成長戦略計画にもとづいて管理されている。指定エリアは、「ゴールデンホースシュー（Golden Horseshoe Region）」と呼ばれる、トロント都市圏、ハミルトン都市圏、ナイアガラ都市圏までを含めたオンタリオ湖西部を馬蹄型に取り囲むエリア全体で、約180万エーカー（約72万ha）となっている。グリーンベルトの緑地の拡大は認められているが、縮小は厳しく制限されている。

広大なグリーンベルトは、都市の成長範囲を明確にするだけでなく、農地や自然遺産の保全に大きく貢献してきた。また、グリーンベルト内の緑地は広域公園システムにも組み込まれており、トロント都市圏住民の余暇活動の場、観光資源、文化資源としても重要な機能を果たしている。さらに河川沿いの緑地は、集中豪雨時の排水を調整する機能も兼ねており、都市部での洪水の抑制に重要な役割を担ってきた。

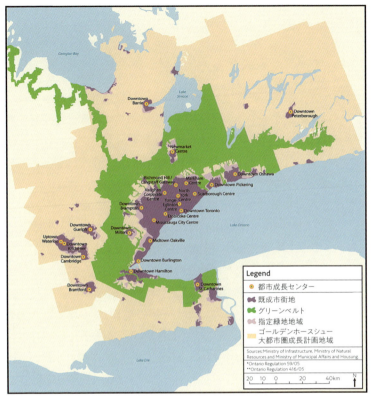

図5　オンタリオ州による都市成長戦略計画とグリーンベルト
(出典：オンタリオ州グリーンベルトプラン 2017 *10)

　グリーンベルトの一部に公有地も含まれているが、大半は民有地である。これまでのところ、開発を厳しく制限することでグリーンベルトの面積は維持されてきたが、トロントの人口増加による開発圧力は強く、指定解除の必要性がしばしば議論されている。一方で、グリーンベルト保全を望む声も強く、現行のしくみでは緑や自然が十分守られていない、開発用地として用意されている面積が大きす

7章　カナダ・トロント　197

ぎる、スプロールを抑止できていないといった批判も出ている[*11]。

2.4 インフラ整備と連動した郊外開発の規制誘導

前述したように、戦後のトロントの都市計画では、郊外部でのスプロールを厳しく制限し、良質な住環境を備えた計画的な開発を規制誘導してきた[*5]。開発業者は、適切な敷地分割を求められるだけでなく、街区内道路整備とインフラへの接続、学校や公園といった地区施設の整備費用を負担することも義務づけられてきた。

このような良質な郊外開発を誘導するしくみの原型となったのは、1940〜50年代に行われたドン・ミルズ社による住宅地開発であった。ドン・ミルズ社は田園都市と近隣住区論をモデルに、完全に用途を純化した土地利用と幹線道路で街区を囲み、街区内は住宅へのアクセス道路を整備する、段階的な地区道路構成を採用した住宅地を次々に開発していった。街区内道路には、ループ道路やクルドサック（袋小路）、T字路を多用し、通過交通を排除しつつ、単調なまちなみに変化を取り入れた。街区内道路と連続する形で、質の高い緑地空間や公園、教会や小学校といった地区施設を含む良好な住環境を備えた住宅地を整備していった。自動車が急速に普及した当時の社会背景もあり、公共交通システムの整備は行われず、自動車利用を前提とした住宅地が開発されている。

ドン・ミルズ社の住宅地開発は、開発許可のしくみにも影響を与えている。開発許可のガイドラインでは、単調な格子状の道路配置ではなく、変化に富む街区内道路配置が奨励され、公園や地区施設を一体的に計画する総合的な開発が求められた。

トロントの市街地は、植民地時代に開発された概ね2×2kmの格子状の街区構成が基本となっている。幹線道路で囲まれたおよそ

400haのグリッド内の街区規模は、近隣住区論による住区の規模ともほぼ一致するため、街区ごとに必要な機能を備えた住宅地設計の型がつくりやすかったといわれている。

またドン・ミルズ社は、豊富な資本力で戸建て住宅だけでなく、テラスハウスや集合住宅などの多様な住宅タイプを含む住宅地を建設し、さらには住宅街区が集まった地区の中心部には商業や業務も含む総合的な近隣センターの開発を行い、職住近接で用途が混在した良好な郊外住宅地の開発を行った。

残念ながら、このような総合的な住宅地開発をできる開発業者は少なく、後の郊外開発では、住宅もしくは業務に特化した単一用途の街区開発が主流となり、自動車依存型の低密市街地が広範囲にわたって形成されることとなった。

このような郊外の自動車依存型の低密分散開発は、インフラの維持管理コストが増大する。自動車依存型の単一土地利用低密市街地に、後から公共交通を導入することは極めて難しく、トロントの都市計画上の大きな課題となっている。

2.5　発達した地下街：厳寒都市のアーバンスペース

トロントの冬は氷点下10℃を下回る日も多い。寒い冬の建物間移動を容易にしてくれる空間として、トロントの中心市街地には、「PATH」と呼ばれる地下街が発達している[*12]（図6、写真7）。世界有数の地下歩行空間であるPATHは、トロントの中心市街地の回遊性や快適性を支えるインフラである。PATHは南北約2km、東西約1.5km、全長約30kmの巨大な地下歩行ネットワークで、1日あたり約20万人の通勤者に加えて、数千人の観光客や買い物客が利用している。

図6　PATHネットワーク地図（出典：トロント市フィナンシャル・ディストリクトのホームページ、2018 ＊12）

　PATHは、八つの地下鉄駅、市役所や公共ホールといった施設を含む約75棟の建物と接続するセミパブリックな空間で、建物に用事のない人も自由に通行できる空間となっている。
　地下街の建設および管理は、各建物の所有者が行っている。歩行

写真7　中心市街地の地下街 PATH

空間に沿って約 1,128 ㎢の商業スペースが整備されており、飲食店、物販、サービスを含む約 1,200 の店舗が並び、地下ショッピングモールの様相を呈している。約 4,600 人もの雇用の場にもなっており、大きな経済効果をあげている。

PATH の起源は 1900 年に遡る。市役所の近くにあった百貨店が、本店と通りを隔てた特設売り場を地下通路でつないだことが始まりだといわれている。1917 年までに五つの店舗をつなぐトンネルが建設された。もう一つの初期の地下通路は、1927 年のユニオン駅開通に合わせて整備された、駅とロイヤル・ヨーク・ホテル（現在のフェアモント・ロイヤル・ヨーク・ホテル）をつなぐ地下通路である。

1960 年代には、歩行者で混雑している中心市街地の改善と、再開発により失われつつある地上レベルの小規模な店舗の受け皿として、トロント市が地下街の建設を推進し始めた。ちょうど金融街の再開発が進行しており、新たに建設された業務ビルの地下にフードコートや商業スペースが建設され、地下街が一気に拡張されていった。

一方、こうして延伸した地下街は複雑な迷路状のネットワークとなり、道に迷う人も多かった。そこで、2018 年には新たな PATH の整備戦略が検討され、スマホアプリなども利用したナビゲーショ

7章　カナダ・トロント

ンシステムの構築などが予定されている。また今後、中心市街地での再開発に伴って、新たなネットワークの延伸や再整備が予定されており、将来的なPATHの総延長は60kmにもなるといわれている。

2.6　近年の中心部での都市再生による高度利用

　前述したように、トロント都市圏の広域計画や都市成長戦略はオンタリオ州が行っており、トロント市はその内容にもとづいて、都市レベルのマスタープランやゾーニングによる土地利用の調整を行う。また個別の開発に関しては、前述したような開発許可のしくみで規制誘導を行う。

　トロント市のマスタープランは、都市全体の構想を示す「オフィシャル・プラン（Official Plan）」と、戦略的な都市開発の方針を示す「セカンダリー・プラン（Secondary Plan）」から構成される。個別の開発は、詳細に定められたゾーニング（図7）を遵守して行う必要がある。土地利用の大幅な変更を伴う開発計画の場合は、セカンダリー・プランの制定や修正を行い、その内容にもとづいてゾーニングの修正を行う。プランやゾーニングの修正は、トロント市と開発業者の協議、地域住民への説明や公聴会、コミュニティ・カウンシルでの協議を経て、開発の規模や内容、インフラや地区施設の整備、地域への貢献などを検討する。大規模な開発や指定地域内の開発では、デザインガイドラインによる景観形成協議が行われる。

　トロント市が開発を促進したい地区については、都市計画提案のしくみも用意されており、トロント市が提示する特定地区の都市戦略に対して、民間事業者が開発計画の提案を行い、その内容にもとづいて開発協定を締結し、オフィシャル・プランやゾーニングが修正される場合もある。

トロント市の人口は近年増加の一途を辿っている。人口増加に伴う住宅需要を当て込んで、都心で再開発が活発に行われ、特に中心部の歴史的建築物が集積している地区の再開発や、貨物操車場跡地での大規模土地利用転換などが進行している。新たに開発される建築物の多くは高級分譲超高層マンションで、住宅の値段が急激に上昇し、中心市街地のジェントリフィケーションが大きな問題となっている（写真 8）。また開発の速度に公共施設整備が追いついておらず、小学校の教室不足やコミュニティ施設の不足、陳腐なデザインなどが問題となっている。

　加えて、近年は投機目的の住宅購入の増加が問題視されている。移民の多い都市として、トロントには世界の富裕層移民も増えている。こういった移民本人および彼らとつながりのある海外の富豪のセカンドハウスや家族の一時利用のための住宅購入、海外投資家による投機目的の住宅購入が行われており、入居開始後も空き室の状態が続いている。恒常的利用を前提としない住宅購入や投機目的の住宅購入は、住宅価格のさらなる上昇、空き室の増加を招いている。加えて、Airbnb やバケーションレンタルをはじめとした短期宿泊利用への転用も増えており、住宅のアフォーダビリティ（値頃感）確保が問題となっている。またセカンドハウス利用や短期宿泊利用の増加により、建物内の居住者と短期滞在者の軋轢が生じている。

　トロント市では開発の影響に対応するため、開発者への公共貢献や開発負担金の拠出を要請してきたが、開発推進派の新知事が就任したオンタリオ州は、2019 年に都市計画法の改正を行い、開発負担金の減額や開発審査期間の短縮をトロント市に義務づけたため、インフラ整備の遅れや地区施設の不足の深刻化が懸念される。

写真8　高層化が進む中心市街地

図7　トロント市の土地利用規制（出典：トロント市オフィシャル・プラン 2019 ＊7）

2.7　都市再生を通じた社会的包摂

　トロント市は、アメリカのジャーナリスト、ジェイン・ジェイコブスが晩年を過ごした都市である。ジェイコブスは著書『アメリカ大都市の死と生』[*13]で、都市の魅力や安全性、快適性を支える重要な要素は、空間や活動、関わる人々の多様性が重要であると主張した。

そして、都市の多様性を生み出す条件として、「用途混在」「小さな街区」「古い建物」「適度な密度」の四つが重要であるとしている。

トロントの中心部には、ジェイコブスの都市観を体現している多様性に富んだ地区が多数あり、まちの魅力の一つとなっている。しかし、都市再生の名の下で行われている近年の超高層住宅開発は、ジェイコブスが提示した多様性に富むまちなみとは大きく異なり、巨大で閉鎖的な単一用途開発であると批判されている。

一方で、ジェイコブス的まちなみは、その環境の良さが高く評価されているものの、逼迫する住宅需要への対応を遅らせ、地価高騰を招いているとの批判もある。トロントが長年培ってきた都市の魅力を継承しながら、急成長する人口をどのように受け入れるか、両立の難しい課題をどう解くか、都市計画の試行錯誤が続いている。

移民の増加に伴って、言語能力の不足や社会参画の機会の少なさから、失業や精神疾患などの問題を抱える移民の数も増加しており、社会問題化している。特に、公共団地や社会住宅、老朽化した民間賃貸住宅に、困難を抱える移民が集住している。このような状況に対して、トロント市は、所得、土地利用、生活環境などのデータを用いて、生活困難に直面する住民の多い地区を、「近隣改善地区（Neighbourhood Improvement Area：NIA）」[14] に指定し、「トロント・ストロング・ネイバーフッド 2020（Toronto Strong Neighbourhoods 2020）」という改善戦略にもとづいて、重点的な取り組みを行っている。近隣改善地区では、施設整備や建物改修といったハード面の対応に加えて、言語教室やコンピュータ教室、教育や福祉分野でのサポート、雇用促進プログラムの提供など、ソフト面も含む多様なプログラムが実施されている[15]。

さらに近年の再開発事業では、社会的包摂プログラムと一体になった開発事業が行われている。その取り組みの先鞭となったリー

7章 カナダ・トロント　205

写真9　リージェント・パーク団地の再開発

ジェント・パーク団地の再開発事業では、アメリカ諸都市で行われている団地再生が、住民を追い出し、問題のある市街地の再生産につながっており、根本解決になっていないとの指摘から、既存の住民を対象としたコミュニティ開発計画を含む団地建替え事業を展開している[16,17]（写真9）。

3　未来型スマートシティの構想

3.1　オンタリオ湖畔の土地活用の動き

　成長を続けるトロントでは、世界的な注目を集めている都市開発の動きがある[18]。グーグルの関連会社がオンタリオ湖畔で手掛ける再開発である。この再開発について詳しく見ていく前に、オンタリオ湖畔での開発の動向を紹介する。

　オンタリオ湖畔にはおよそ800haにも及ぶ広大なブラウンフィールドが広がっており、長年、この地区の再開発が望まれていた。しかし、トロント市西部を流れるドン川がオンタリオ湖に注ぎ込む河

図8　ウォーターフロント・トロントの再開発エリア（出典：ウォーターフロント・トロント資料＊18）

写真10　再開発された
ウォーターフロント

口付近は、しばしば氾濫し、洪水が発生するため、活用が難しい土地であった。

　この地区の開発を推進するため、連邦政府、オンタリオ州、トロント市の三者は、2001年に「ウォーターフロント・トロント（Waterfront Toronto）」という開発推進のための組織を設立した。ウォーターフロント・トロントは、25年かけて湖畔地区の再開発に取り組み、公民の資金によって、住宅を約4万戸、100万㎡の業務床、300haの公園や公共空間を創出することを目指している。

7章　カナダ・トロント　207

ウォーターフロント・トロントは、湖畔地区を五つの地区に分けて、親水空間、個性的な公園やパブリックアートを取り入れた公共空間や住宅などの複合開発を進めてきた（図8、写真10）。中心市街地に近接したセントラル・ウォーターフロント地区やイースト・ベイフロント地区では、湖畔の回遊性を高める商業業務開発や複合開発を進めている。ドン川河口付近のウェスト・ドン・ランド地区には、環境共生をテーマとし、洪水対策を兼ねた公園「コークタウン・コモン（Corktown Common）」を建設した。コークタウン・コモンは市内外のたくさんの人々に利用され、公園としても高く評価されており、周辺街区では住宅地開発や業務施設の開発が進んでいる。

3.2　サイドウォーク・ラボによる未来型スマートシティ構想

1）公民連携による計画プロセス

　ウォーターフロント・トロントは、ウォーターフロント開発の次の手として、まだ再開発が行われていないイースト・ベイフロント地区とローワー・ドン・ランド地区にまたがる4.9haのキーサイド地区を対象に、「都市計画提案（Request for Proposal：RFP）」を行うことを決定した（図9、写真11）。

　この都市計画提案に先駆けて、ウォーターフロント・トロントは、2016年3月から1年間かけて事前調査を行い、50を超える企業や組織から開発に関する意見を収集した。その内容をもとに、2017年3月に都市計画提案の国際入札を実施し、6社から提案が提出された。資格を満たさなかった1社を除く5社の提案を審査し、最終的に2017年10月に、グーグルの親企業であるアルファベット社のグループ企業である「サイドウォーク・ラボ（Sidewalk Labs）」を開発パートナーに選定し、開発協定を締結した[19]。

その後、ウォーターフロント・トロントとサイドウォーク・ラボ共同でプロジェクトを立ち上げ、のべ1.8万人以上の市民、有識者、専門家等とのワークショップやラウンドテーブルを通じた説明や意見交換を経て、2019年6月にサイドウォーク・ラボが開発のコンセプトをまとめた計画提案書「マスター・イノベーション・ディベロップメント・プラン（Master Innovation and Development Plan：MIDP）」をウォーターフロント・トロントに提出した[20]（図10、写真12）。同月にウォーターフロント・トロントはMIDPに対する見解書を公開[21]、2019年7月に4回のラウンドテーブルと7回の市民説明会を行い、同年9月に公表したまとめで[22]、ウォーターフロント・トロントとサイドウォーク・ラボは、開発をキーサイド地区に限定し、個人情報対応や特例的措置の見直しを提示した[23]。しかし、COVID-19の世界的なパンデミックを受けて、2020年5月にサイドウォーク・ラボが計画撤退を宣言し、計画は中止された。

2）約4千人の住宅と雇用を生む複合開発

　現在公表されたMIDPによると、キーサイド地区内に住宅と商業を組み合わせた10棟の建物を建設予定で、4haの公共空間を整備し、約4,500人の居住者と約3,900人の雇用を創出するとしている。

　サイドウォーク・ラボは、MIDPの中で、オンタリオ湖沿いの再開発地区を「イノベーティブ・デザイン・エコノミック・アクセラレーション地区（Innovative Design and Economic Acceleration District：IDEA地区）」と名づけ、「人のための都市デザインと最先端技術の組み合わせにより、新たな持続可能性、アフォーダビリティ、モビリティそしてビジネスチャンスを達成する」との開発ビジョンの下、新技術と空間デザインを連動させたさまざまな社会問題の解決を目指す複合開発を行うとしていた（図9）。

凡例	
——	ウォーターフロント地区東部
----	IDEA 地区
■	サイドウォーク・ラボが開発を主導する地区（地元パートナーと協働）
▨	IDEA 地区に任意参加
▩	行政がキーサイド地区とヴィラー・ウェスト地区を超えて IDEA 地区とするか決定するが、サイドウォーク・ラボによる開発地区には含まれない

図 9　サイドウォーク・ラボとウォーターフロント・トロントがスマートシティ開発を進めるキーサイド地区と IDEA 地区
(出典：サイドウォーク・ラボのホームページ＊19)

写真 11　スマートシティ開発が進むキーサイド地区（出典：サイドウォーク・ラボのホームページ＊19)

写真12　キーサイド地区の開発イメージ（出典：サイドウォーク・ラボのホームページ*19）

図10　キーサイド地区の開発計画のパース（出典：サイドウォーク・ラボのホームページ*19）

7章　カナダ・トロント　211

当初計画ではキーサイド地区の開発から着手し、最終的には77ha の IDEA 地区に開発を拡張する構想となっていたが、市民説明会の結果を受け、当面の計画範囲はキーサイド地区に限定することとなった。当初掲げられていた新たな雇用や経済開発は、キーサイド地区の成果を見ながら、今後、検討していくとしている[23]。

3）MIPD の内容

1,500頁以上にも及ぶ MIDP は3部に分かれ、第1部では開発計画と経済活性化について、第2部では七つの分野ごとのイノベーションの詳細（後述）、そして第3部では開発実現のためのパートナーシップとして、本開発のための行政組織の創設、イノベーション実現のための規制緩和、財源、リスク分析などが示されている。また第4部では、開発地区内でのデータ活用に関する個人情報保護や情報活用に関する考え方を示し、第5部では開発実現に向けた公共投資や新たな規制改革の必要性について述べている[20]。

第2部で示されている開発で達成しようとしているまちの姿から、モビリティ、公共空間、建物、住宅、持続可能性、社会インフラ（健康、コミュニティ、仕事など）の内容を見ていく。

モビリティでは、地区内 LRT や歩行者・自転車空間の充実、シェア交通システムの導入により自家用車依存度を下げるとしている。また、センサーを埋め込んだ舗装ブロックを活用した移動データ収集を行い、地区内の住民や通勤者がより適切な移動手段を選択できるシステムの導入を予定している。物流に関しては、建物に移送網を張り巡らせ、大きな荷物を持ち歩かずとも自宅に配送される移動管理システムを整備する。人が心地よく移動できる空間の整備を最優先し、柔軟な道路利用や信号操作を行うとしている。

公共空間では、街路、公園、広場、オープンスペースの快適性を

高め、人々が心地よく屋外空間で過ごせる環境を整備するとしている。快適性を高めるための空間デザインや素材の使用、利用しやすいシステムの整備を進め、データ分析をもとにシステムを改善し、人々の活動や交流を活性化する。

建物については、カナダ国内の木材産業と連携し、木材フレームによる高層建物の建設を予定している。多様で柔軟な建物利用ができるよう、間取りや利用方法が変更しやすい内装を採用する。

住宅については、所得層の混在や住宅タイプの混在、シェア居住・共同リビングシステムの導入、世帯規模の混在を進め、アフォーダブルな住宅供給を目指す。

持続可能性については、低エネルギー建築やエネルギーマネジメントシステム、先進的なパワーグリッドシステム、最新の廃棄物収集システムや浄水システムを採用し、気候変動に対応する。

社会インフラでは、健康増進やコミュニティ形成を促進する交流スペースやプログラムの提供、コミュニティを活性化するためのプログラム、小学校や子育て施設の整備、地域のコミュニケーションシステム、地区内の雇用創出などに力を入れる。

これらの取り組みは、地区内の活動や行動に関する情報収集と分析をもとに進められる構想であったが、新しい技術を活用した都市開発への期待の声がありつつも、データ収集・活用のしくみを懸念する市民の声が多数寄せられたことを受けて、データの保存と活用はカナダの法規制に則って、国内で行うこととなった[23]。さらにサイドウォーク・ラボは、日本の特区制度のような規制緩和や優遇制度を受けられる特別地区指定や多様な規制特例の協議をワンストップで行える行政組織の新設等も提案していたが、ウォーターフロント・トロントが主導し、既存制度に基づいて進めていく方針が示された[23]。しかし具体化段階で、COVID-19 による計画撤退となった。

7章 カナダ・トロント　213

4／日本への示唆

　トロントは、戦前に形成された公共交通依存型の高密混在な中心市街地と、自動車依存度の高い低密・単一用途の郊外市街地からなる都市の上に、多様な背景を持つ人々が集まり続けている都市である。トロントの多様性は、人種や民族、宗教、文化といった、従来の多様性が意味する範囲を越えて、世代の違い、新技術の認知や習熟度のレベル、個人の嗜好をも含む多様性へと拡大し続けている。

　トロントでは、都市範囲の拡大ではなく、既成市街地や低未利用で放置されていた地区の高密化と機能充実によって、増加する人口を受けとめるコンパクトシティ政策をとっている。拡大し続ける多様性を包摂しながら、高密化の弊害、自動車への過度の依存、社会的平等の実現、環境負荷の低減といった都市計画課題に対処するために、データ活用による柔軟で魅力的な空間整備をめざすスマートシティ開発を、一つの解決策として提示しようとしている。

　日本の都市は、人口減少や都市縮退に直面しており、トロントとは一見正反対の状況にあるように見えるが、トロントにおける多様性を尊重した地区の個性を大切にする都市開発手法から学べることは多い。グリーンベルトで開発可能地区を明確化し、また緑地保全や気候変動に対応する受け皿を用意する、個別開発のきめ細かな誘導で開発の質を高める、新技術によるイノベーションを積極的に導入し快適な都市空間の創出を目指す一方で、新技術を過信せず、住民との丁寧な対話を通じて適切な開発形態やデータ活用のあり方を模索するなど、縮退局面で限られた資源や人材を活用した地域活性化策に挑戦する日本の都市計画に活かせる取り組みは多い。

＊1　日本カナダ学会編『はじめて出会うカナダ』有斐閣、2009

＊2　白人ではない人種、髪や肌の色が異なる有色人種を指す。

＊3　西原純「トロントのコスモポリタン都市への発展とその都市計画」『都市地理学』4巻、2009

＊4　Richard White, *Planning Toronto: The Planners, The Plans, Their Legacies, 1940-80*, UBC Press, 2016

＊5　Andre Sorensen, "Toronto Megacity: Growth, Planning Institutions, Sustainability", Sorensen A. and Okata J., *Megacities: Urban Form, Governance, and Sustainability*, Springer Verlag, 2011

＊6　Neptis Foundation, Metropolitan Indicators Poster, 2007

＊7　トロント市オフィシャル・プランのホームページ

＊8　財務総合政策研究所「主要諸外国における国と地方の財政役割の状況報告書」2006

＊9　自治体の決定に対する審査・調停等を行う行政裁判所で、オンタリオ州議会から指名された弁護士、会計士、設計士、官僚等からなるメンバーで構成される。

＊10　オンタリオ州グリーンベルトプラン 2017 のホームページ

＊11　Neptis Foundation, Rethinking Sprawl: Challenges remain as new evidence shows Canada's suburbs growing denser, 2014

＊12　トロント・フィナンシャル・ディストリクト（Toronto Financial District）のホームページ

＊13　ジェイン・ジェイコブス著、山形浩生訳『アメリカ大都市の死と生』鹿島出版会、2010

＊14　トロント市近隣改善地区のホームページ

＊15　藤井さやか「老朽化マンション改修を核とした近隣地区再生に関する研究－カナダ・トロント市タワー・リニューアル制度に着目して」『選抜梗概、集合住宅管理・再生（2）オーガナイズドセッション、日本建築学会学術講演梗概集 2015（建築社会システム）』2015

＊16　藤井さやか「多民族が集住する公共団地の再生事業における社会的包摂に関する一考察－トロント市リージェント・パーク団地再生事業を事例として」『都市計画論文集』50巻3号、2015

＊17　藤井さやか「カナダの大規模公共住宅団地の再生に関する研究－トロント市リージェント・パーク団地の再々開発を事例として」『都市計画論文集』49巻3号、2014

＊18　ウォーターフロント・トロントのホームページ

＊19　サイドウォーク・ラボのホームページ

＊20　計画提案書 Master Innovation and Development Plan（MIDP）

＊21　ウォーターフロント・トロントによる MIDP 見解書

＊22　ウォーターフロント・トロントによる市民説明会の報告書

＊23　ウォーターフロント・トロントによる市民意見に対する対応と計画変更の説明書

8章

オーストラリア・メルボルン
――急激な人口増加に対応する都市機能の集約

堤 純
つつみ・じゅん

筑波大学生命環境系地球環境科学専攻教
授。1969年生まれ。筑波大学大学院博士課
程地球科学研究科中退。メルボルン大学お
よびモナシュ大学客員研究員、北海道大学
助手、愛媛大学准教授、筑波大学准教授を
経て、2019年より現職。博士（理学）。専門
は地理学。著書に『変貌する現代オーストラ
リアの都市社会』（筑波大学出版会）、
『Urban Geography of Post-Growth
Society』（東北大学出版会）など。

1 / メルボルンの概要

　本章で取り上げるメルボルンは、オーストラリア大陸の南部に位置し（図1）、市の中央にある市役所から半径約6km程度（37.7㎢）、人口は16.9万人（2018年）の小さな自治体である。メルボルン市は、隣接するホブソンズベイ市、ポートフィリップ市、ストニントン市、ヤラ市、モアランド市、ムーニーヴァレー市、マリビノン市との間で、政策面において密接な連携をとっている。さらに、メルボルン市から半径約40kmの範囲に含まれる約50の周辺自治体とともに「メルボルン大都市圏（Grater Capital City Statistical Area：GCCSA）」（図2）を形成している[*1]。

　大都市圏全体の人口は、2016年の国勢調査によれば449万人である。日本の大都市圏と比較して、メルボルン大都市圏の特徴は、人口増加のスピードである。2001年に約341万人、2006年は約

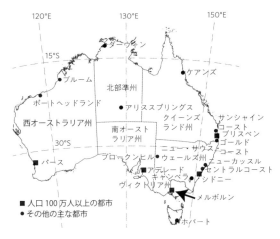

図1　メルボルンとオーストラリアの主要都市

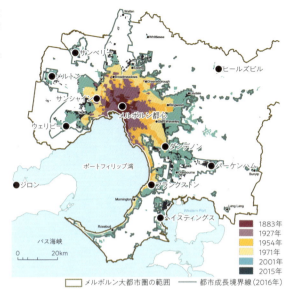

図2 メルボルン大都市圏の拡大（1883〜2015年）
（出典：ヴィクトリア州政府のホームページ）

365万人、2011年には約400万人と、2001〜16年までの15年間に約108万人、年あたりの人口増加率にして2%を超えるスピードで人口が増加している。一方、オーストラリア最大都市であるシドニーの人口は、2001年には約400万人、2016年には482万人であり、シドニーの年あたりの人口増加率は1.4%程度である。後述するように、メルボルン大都市圏では、2050年時点の人口は、シドニーを追い越して800万人程度になると想定されており、こうした急激な人口増加に対応した大都市圏の整備が行われている[*2]。

1.1　人口増加と市街地の拡大

　オーストラリアがイギリスの植民地になったのは1788年のことである。最も古い都市はシドニーであり、その後、約50年遅れて

メルボルンの開拓が 1835 年に始まった。開拓当時のメルボルンは内陸の広大な農業地帯へのゲートウェイとして、また農産物の積み出し基地としての機能が主な役目であった。

その後、1851 年にヴィクトリア州で金鉱脈が見つかると、一気にゴールドラッシュの波が押し寄せ、1854 年までの 3 年間に人口は 3 倍に膨れ上がった。金採掘は 1880 年代までのおよそ 30 年間続き、当時の世界の金生産の 3 分の 1 を占めた。

メルボルンのあるヴィクトリア州は、当時、大英帝国の中では最も豊かな植民地として名を馳せていた。今日のメルボルンの中心部には、装飾を凝らした石造りやレンガ造りの豪華な建物が多く残存していてまちのシンボルになっているが、これらはゴールドラッシュ時代の遺産である。

メルボルンの急成長により、シドニーとのライバル関係が熾烈になった。オーストラリアは 1901 年に植民地を脱して連邦国家を樹立するが、最後まで調整に難航した懸案の一つが首都の問題であった。最終的には、シドニーとメルボルンの間に首都を置く（どちらにも置かない）ということで決着した。その後、キャンベラが首都に選定されたのが 1908 年、国会議事堂が完成して実際にキャンベラの政治機能が本格的に動き出したのは 1927 年であり、メルボルンは連邦国家樹立から 1927 年までの間、オーストリアの暫定首都であった。

今日のメルボルン大都市圏内には、放射状に延びる郊外鉄道と都心から 10km ほどの範囲に縦横無尽に張り巡らされたトラム網が残っているが、これらはみな 19 世紀末から 20 世紀初頭にかけて整備されたものである。

メルボルンの人口は、第二次大戦直後の 1947 年には 120 万人、1986 年には 220 万人に達した。この期間にはギリシアやイタリア、

クロアチアなどの旧ユーゴスラビア諸国やポーランドなどからの
「英語が話せない」移民が多く渡ってきた。当時のオーストラリア
全体では、イギリスやアイルランドからの移民が減ったため、労働
力不足を補う必要が生じていた。当時のオーストラリアはまだ白豪
主義を堅持していたため、移民は白人である必要があった。イギリ
スやアイルランドからの移民が少ない以上、たとえ英語が上手に喋
れなくても、英語を母国語としない白人を大量に受け入れた。これ
がオーストラリアの多文化社会の嚆矢である。

　図2を見ると、1927年までには、メルボルン市街地は図中の都
心部分から約15km付近にまで広がっている。その後、1954年に
かけてリングウッドやグレンウェイヴァリー、ダンデノン、フラン
クストンなどまで拡大しているが、市街地の拡大の形状は放射状で
ある。これは、すでに完成していた郊外鉄道路線に沿った住宅地の
拡大であり、逆に言えば、鉄道路線から離れた郊外は市街地の拡大
からは取り残されている様子がわかる。

　しかし、1971年にかけて市街地は大きく郊外に拡大し、放射状
の形状はほぼ解消されている。この拡大した部分の大半は、郊外鉄
道の終点よりも郊外に相当し、自家用車を所有しなければ住めない
ような郊外であったが、折しもモータリゼーションの波が押し寄せ
ていた時期であり、郊外に移転した工場で働く多くの移民たちが車
を所有して、郊外に居を構えていった。同時期には郊外における工
業開発も進展し、メルボルンでは本格的に郊外開発が始まった。

　メルボルンには、このようにゴールドラッシュ期、戦後の移民増
加という二つの人口増加の波に加え、今日では第3の波が押し寄せ
ている。それは、概ね2000年以降に顕著に見られる都心および都
心周辺部での人口増加である。都心部やサウスバンクやドックラン
ズと呼ばれる湾岸のエリアは、雨後の筍のように林立する高層コン

8章　オーストラリア・メルボルン　221

写真1 メルボルンで急増する高層コンドミニアム

ドミニアムでほぼ埋め尽くされている状況である（写真1）。

　こうした新規の高層建築には、アジア諸国からの富裕層を中心に、多くの移民が暮らしている（オーストラリアの統計では、海外生まれはすべて移民である）。富裕層以外にも、移民の中でひときわ目を引くのは、メルボルン大学やメルボルン工科大学といった都心に立地する大学に通う留学生が相当数いることである。都心や都心周辺で見られる高層のコンドミニアムの部屋のうち、およそ3分の1は所有者自らが居住しているが、残りの約3分の2は投資用に購入されたものであり、管理会社を通じて賃貸物件として貸し出されている。こうした物件の大半は2ベッドルームの標準的な部屋であり、在学期間中という数年程度の賃貸需要がマッチングした。こうした物件に、4人程度でルームシェアして居住する留学生は、メルボルンをはじめ、オーストラリアの大都市では珍しくない[*3]。

1.2　リバブルシティ

　イギリスのエコノミスト誌が毎年発表する「住みやすい都市（リ

写真2　歩行者天国が整備されたメルボルンの都心部

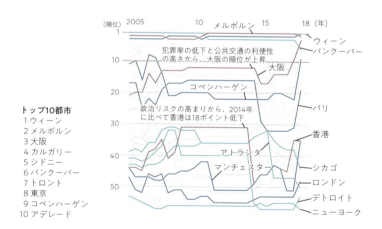

トップ10都市
1 ウィーン
2 メルボルン
3 大阪
4 カルガリー
5 シドニー
6 バンクーバー
7 トロント
8 東京
9 コペンハーゲン
10 アデレード

図3　エコノミスト誌によるリバブルシティランキング（2005〜18年）
〈出典：エコノミスト誌のホームページの図を一部改変〉

8章　オーストラリア・メルボルン　223

バブルシティ）ランキング」では、メルボルンはトップ3以内に入るのが定位置であり、特に、2011年から2017年までの7年間は連続して1位であった（図3）。2018年にはウィーンに抜かれて2位に後退したが、依然としてトップ3の地位を維持している。

リバブルシティランキングでは、オーストラリアとカナダの都市がトップ10の常連である。これは、ヨーロッパやアメリカの都市に比べて低い人口密度と、低い犯罪率、適度なインフラなどの評価が高いことがポイントと評価を押し上げている。

メルボルンでは鉄道網のアップグレードが現在大がかりに進行中であり、計画通りに完成すれば、交通アクセスの大幅な改善が見込まれる。一方、アジアから、特に中国からの富裕層の流入と彼らによる住宅投資によって住宅価格が高騰し、外食をはじめ物価は日本よりも高い印象があるが、それでも住みやすいと評価されている。大都市圏内であれば、電車・バス・トラムを組み合わせればたいていどこにでも行ける利便性の高さは、所得レベルの違いや移民か否かといったバックグラウンドとは関係なく、誰にとっても住みやすいまちの不可欠な要素だと言える。なお、2017年の「住みやすい都市（リバブルシティ）ランキング」では14位だった大阪が、2018年には急に3位にランクインした最大の理由は、公共交通網のアップグレードと犯罪率の大幅な減少によるものだという。

1.3　メルボルン大都市圏における多文化社会

1）エスニック・セグリゲーション

セグリゲーションとは、宗教や言語などの文化的な特徴によって、あるいは所得に代表される経済的状況によって、特定のエスニック・グループがまとまって集住し、他のグループとは住み分けている状

況を表す用語である。世界的に見ても、人口 100 万以上の大都市圏においてはエスニック・グループごとの明瞭な住み分けが見られることは珍しくなく、メルボルンもその例外ではない。

　メルボルン大都市圏における多文化社会の特徴を把握するため、大都市圏居住者の出身国と家庭で使用する言語に着目し、それぞれ 2006 年から 2016 年までの 10 年間の変化を指数で示したものが表 1 である。

　大都市圏居住者の出身国として最も多いのはオーストラリアの 59.8％であり、非回答を除く残りの 33.9％は外国生まれの移民である。イギリスやニュージーランドのように、オーストラリアと文化的に近い国のほか、インド、中国、ベトナムなどのアジア諸国の出身者数も多く、これらの国々の出身者数は 2006 ～ 16 年の間にさらに増えている。特に、インドと中国の出身者は 2006 年時点では 5 万人前後だったものが 2016 年にはインド 16.1 万人、中国 15.5 万人とそれぞれ約 3 倍にまで急増している。

　次に、大都市圏居住者の家庭で使用する言語について見てみると、2016 年の時点で英語しか話さない人の数は 2006 年比の指数で 111 と 1 割ほど増加していることがわかるが、大都市圏全体の人口が 2006 年の約 365 万人から 2016 年の 449 万人にまで約 84 万人増加したことから、割合では 68.5％から 62.0％へと 6.5 ポイントの減少となっている。ギリシア語やイタリア語といった、1950 ～ 60 年代にオーストラリアに渡った移民とその子孫の家庭では母国語を使用しているものの、移民の世代が 3 世や 4 世になるにつれて徐々に英語のみの話者へと移行しつつある様子が読みとれる。その一方で、2006 年時点に比べて 2 倍近い数に増加している中国語はもちろん、アジア系の言語を話す移民が 2006 ～ 16 年の間に急増していることがわかる。

8章　オーストラリア・メルボルン　　225

順位	出身国	人数	割合	2006 年 = 100 とする指数	順位	家庭で使用する言語	人数	割合	2006 年 = 100 とする指数
1	イギリス	162,962	3.6%	102	1	中国語	280,015	6.2%	198
2	インド	161,078	3.6%	317	2	ギリシア語	107,386	2.4%	94
3	中国	155,998	3.5%	285	3	イタリア語	101,849	2.3%	84
4	ベトナム	79,054	1.8%	136	4	ベトナム語	101,388	2.3%	143
5	ニュージーランド	78,906	1.8%	149	5	アラビア語	76,273	1.7%	141
6	イタリア	63,332	1.4%	85	6	パンジャビ語	52,767	1.2%	675
7	スリランカ	54,030	1.2%	176	7	ヒンディ語	49,446	1.1%	280
8	マレーシア	47,642	1.1%	163	8	シンハリ語	36,279	0.8%	218
9	ギリシア	45,618	1.0%	87	9	スペイン語	33,664	0.8%	144
10	フィリピン	45,157	1.0%	183	10	トルコ語	30,306	0.7%	109
	その他	626,477	14.0%			その他	581,565	13.0%	
	非回答	280,877	6.3%			非回答	253,085	5.6%	
	オーストラリア	2,684,080	59.8%	114		英語のみ	2,781,188	62.0%	111
	合計	4,485,211	100.0%			合計	4,485,211	100.0%	

表1　メルボルン大都市圏における出身国および家庭で使用されている言語（2016 年）
（出典：オーストラリア統計局の国勢調査データ）

　図4はメルボルン大都市圏における近年のセグリゲーションの傾向を示したものであり、具体的には 2016 年の国勢調査結果に基づいて外国出身者の中でどの国の出身者が多いかを地区別に示したものである。都心から 20km 圏内には、ベトナム、中国、イタリアそしてイギリス出身者が大多数を占めている。それらの地区の外側にはインド出身者が多い地区、さらにはフィリピンやアフガニスタンの出身者が比較的多いことがわかる。

　メルボルン大都市圏における高所得者（世帯収入で週給 2 千豪ドル（約 19 万円）、年収約 1 千万円）の分布を示した図 5 によれば、都心から 10km 圏内には高所得者が多く、さらに東方から南東にかけては 20km 郊外まで、さらに一部では 30km 郊外までも高所得者の多い地区が分布している。また、南東部の海岸部一帯にも高所得

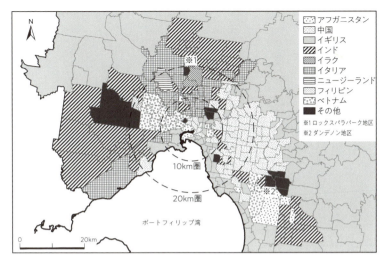

図4 メルボルン大都市圏における外国出身者の分布（2016年）
（出典：オーストラリア統計局の国勢調査データ）

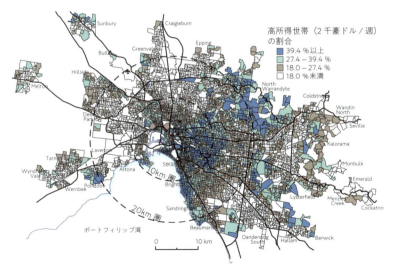

図5 メルボルン大都市圏における高所得者の分布（2006年）
（出典：オーストラリア統計局の国勢調査データ）

8章 オーストラリア・メルボルン 227

者は多く暮らしている。図5と対照しながら図4を見ると、「移民の多い地区には高所得者は少ない」というステレオタイプなイメージとは対照的に、イギリス系と中国系の移民が多く見られる地区は高所得者が多い傾向も確認できる。

2）移民の増加とエスニックビジネスの増加

　移民の増加により、近年めまぐるしく変化している地区は多い。たとえばメルボルンの都心から北に約20kmに位置するコバーグ地区周辺では、近年イラク出身者が急増している。なかでもロックスバラパーク地区（図4の※1）の人口2万人のうち、18.1%がイラク、5.8%がトルコ、2.8%がインド、2.5%がスリランカの出身者で占められ、オーストラリア生まれは48.8%にすぎない。イラク出身者が増えた直接のきっかけは2003年に勃発したイラク戦争であり、知人や親戚を頼って紛争地域を逃れてきた人たちがオーストラリアに移民として渡ってきた（写真3）。

　イスラム教徒の割合が高くなると、イスラム法に則って適正に加工処理された食材を扱うハラールの店が増える。ハラールの店で提供されるものは、イスラム教徒に限らず誰でも食することができる。ハラールの食品には、ラム肉や鶏肉を材料としたケバブ、魚料理、ベジタリアン料理なども含まれるため、イスラム教徒以外にも健康志向からハラールの店を利用するケースもある。

　同様の例は、メルボルンの都心から南東に約30kmに位置するダンデノン地区（図4の※2）においても見られる。周辺に工場地帯を抱えるダンデノン地区は、2000年頃にはインド出身者が外国出身者としては最多であったが、ソマリアやスーダンなどのアフリカの紛争地域からの移民が増加している。2018年の国勢調査によれば、この地区の人口は2.7万人であるが、アフガニスタンの出身者

写真3　中東からの移民が多く暮らす郊外

が12.9%を占めており、オーストラリア生まれは30.9%にすぎない。移民の主要な出身地は時代によって変わるものの、ダンデノンはメルボルン大都市圏の中でも最も多様なエスニック・グループが暮らす郊外の一つである。

2 ／オーストラリアの行政機構

　オーストラリアの行政機構は、日本と異なっている。最も下位に当たるものは日本の市町村に当たるLGA（Local Government Area）であり、その上位は州である。そして、最上位は連邦政府であり、六つの州と1準州および首都特別地域（ACT）を統括している（図6）。

　連邦政府が担当する専属的権限は、国防、諸外国および州間の通商、国の租税、通信、出入国管理など、連邦憲法第51条に共管的権限として39の権限が列挙されている[*4]。一方、州は主に、鉄道や高速道路などの大規模な交通・インフラの整備や、州立大学を含む教育、福祉、治安など、日常生活上のさまざまな行政サービスを

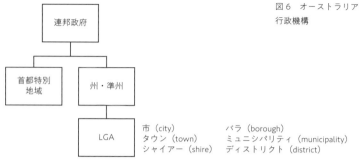

図6 オーストラリアの行政機構

担っている。LGAは、市（city）、タウン（town）、シャイアー（shire）、バラ（borough）、ミュニシパリティ（municipality）、ディストリクト（district）などの種類があり、地方政府法（Local Government Acts）で地方議会の権限や役割が規定されている[*5]。生活に密着した行政サービス、たとえば保育や日本の市町村役場で見られる市民課のサービスなどは、このLGAで行われている。

オーストラリアの州は、日本の都道府県に比べて大きな権限を持っている。たとえば、義務教育から高校に至るカリキュラムは州ごとに別々に制定されている上、大学入学時の基準を定めた教育課程なども州ごとに異なっている。国立大学はオーストラリア国立大学（ANU）一つしかなく、メルボルン大学やシドニー大学などの名門大学はみな州立大学である。キャンベラのある首都特別地域以外の出身者がオーストラリア国立大学に進学したり、州を超えて大学に進学したりする場合は、得点と平均点、さらには州による違いを補正する換算式による複雑な調整を経る必要がある。

しかし、州が多くの権限を持つということは、基礎的な自治体であるLGAよりも自ずと広域の自治体間の連携がしやすい状況がつくりだされているということでもある。後述するさまざまな大都市圏整備のプランは、州がイニシアチブをとることでスムーズに実現

が可能になっている側面がある。

3 / メルボルン大都市圏の都市政策の変遷

3.1 人口増加を見越した都市計画

　メルボルン大都市圏全体を俯瞰した近代的な都市計画は、1929 年に策定された「総合開発計画（Plan for General Development）」に遡ることができる[*5]。この計画は、将来の人口増加を見越し、大都市圏全域を対象に包括的な観点から策定されたという点で特筆に値する。増加を続ける人口に対応して、大都市圏内を住宅地区・業務（オフィス）地区・産業地区（工業地区）の三つに区分した上で、十分なオープンスペースを確保しようとした画期的な計画であったが、世界恐慌をはじめとする経済状況の悪化から、完全には計画が実行されなかった[*5]。

　その後も、メルボルンでは、大都市圏全体を見渡した都市計画が行われた。先に述べた通り、メルボルン大都市圏の拡大が顕著になったのは、モータリゼーションが急速に進展した 1960 〜 70 年代にかけての時期である。急速な都市化の進展を受け、1971 年には「メルボルン都市圏計画政策（Planning Policies for the Melbourne Metropolitan Region）」が推進された。増え続ける人口に対応して、この計画では、1985 年までに大都市圏人口を 330 〜 350 万と見込み、既存の鉄道路線や主要交通路に沿った七つの「成長回廊（Growth Corridor）」と、一方で市街地のスプロールを防止するために都市の周りに「緑のくさび（Green Wedge）」と呼ばれる緑地帯が設けられた。このような、大都市圏全体を対象とした開発推進軸と抑制

8章　オーストラリア・メルボルン　231

軸の組み合わせは、古くはロンドン大都市圏のニュータウン開発とグリーンベルト構想はもちろん、コペンハーゲンの「フィンガープラン」（3章参照）や、ポートランドの「都市成長境界線」（6章参照）とも共通する[*5]。

3.2 産業転換に伴う再開発

　ヴィクトリア州政府は1984年に、メルボルンのサウスバンク地区における鉄道用地と関連する倉庫群を対象とした再開発計画を発表した。ウォーターフロント開発も含め、工場や倉庫、鉄道跡地など産業を長く支えた空間を更新する事例は、欧米や日本の大都市に共通して見られる現象である。

　メルボルン大都市圏は製造業および輸出入の拠点として発展した経緯があるが、産業構造の変化とともに製造業に特化した地区の衰退が問題となっていた。一方で、メルボルンはオーストラリアを代表する国際的なイベントが国内で最も多く開催される都市であり、また、観光客数も多い特徴がある。そこで、オーストラリア国内におけるメルボルンの役割を新たに位置づけようとする都市再開発が計画され、観光産業、研究開発機関、メディア企業、カジノなどの娯楽・商業施設そして高層住宅開発などの誘致が進められた[*6]。サウスバンクの開発では、ヴィクトリア州政府の主導の下で民間資本が積極的に活用され、ヤラ川のウォーターフロント周辺に高層住宅群と職住近接のオフィス地区が誕生した[*7]（写真4）。

　こうして新規に出現した高層住宅への主な入居者は、開発当初は不動産業やコンピュータサービス関連業、医師や教育関係をはじめとする比較的若い新興産業の従業者であった。

　このような再開発あるいは高級住宅地区の出現は、ジェントリ

写真4　サウスバンク。上：再開発前（1985年）、下：再開発後（2007年）
（上の出典：レディットのホームページ）

フィケーションの視点からの考察も有効である。メルボルンにおけるサウスバンクやドックランズの再開発プロジェクトの場合も、高層・高級住宅の増加や関連する小売業の増加、さらには都心居住と

8章　オーストラリア・メルボルン　　233

いった新しいライフスタイルの創造などの点において、代表的な
ジェントリフィケーションの例との共通点を見出せる。

　しかしメルボルンでは、他都市の事例と比較して、いくつかの相
違点も見られる。たとえば、サウスバンクやドックランズの再開発
は鉄道用地および倉庫群の跡地を利用して行われたものであること
から、古い低層住宅地区の更新ではなく、高層住宅や新規の居住者
が純増したという特徴が挙げられる。つまり、メルボルンではこう
した再開発の過程で、老朽化した粗末な住宅地の更新や従前の居住
者の立ち退きといった、旧来型のジェントリフィケーションに共通
する要素[8]がほとんど見られない。この現象はいわゆる「ニュー
ビルド・ジェントリフィケーション」と呼ばれるものである。

4 ╱ メルボルン2030
：スプロール抑制と拠点の整備

4.1　都市成長境界の導入

　ヴィクトリア州政府は、メルボルン大都市圏の将来計画として、
「メルボルン2030：持続的成長計画（Melbourne 2030：Planning
for sustainable growth)」を2002年に公開した。この計画は、
2001年時点で約341万人だったメルボルン大都市圏の将来人口を、
2030年に500万人を超える規模になることを想定したものであり、
交通計画と密接に連動した開発計画であった。特に注目されること
は、大都市圏の縁辺部（アーバン・フリンジ）の低密度地区におけ
る開発を減らし、既存の市街地部分へ新規開発を誘導することで、
コンパクトな都市圏を形成しようとしたことである。

図7　メルボルン2030における緑のくさび（出典：ヴィクトリア州政府のホームページ）

　「メルボルン2030」では、市街地の無秩序な拡大を抑制する目的から、「都市成長境界（Urban Growth Boundary）」が導入された。図7に示す通り、12の緑のくさびは、大都市圏全体を取り囲むように分布している。「メルボルン2030」以前の大都市圏計画では緑のくさびの数も少なく、特定の交通路に沿った開発と、一方で緑のくさびで開発を抑制する姿勢が共存していたが、メルボルン2030では無秩序な市街地の拡大を抑制しようとする姿勢が鮮明になった。

4.2　都市機能を集約するアクティビティ・センター

　こうしたスプロール抑制の方針と同時に、メルボルン大都市圏で

は、「メルボルン2030」の一環としてさまざまな「アクティビティ・センター（Activity Centre）」が計画的に配置された。アクティビティ・センターは交通の結節点に置かれることが多い。そこでは商業活動が盛んだが、それに加えて、アクティビティ・センターに行政や教育、医療などのサービスを誘致して、市民により長い時間とどまってもらえる活動拠点の整備を目指している。

また、この政策はよりコンパクトな形態を目指す目的から、アクティビティ・センター以外での開発を抑制している。アクティビティ・センターからアクセスの良い所に比較的まとまった量の住宅開発を誘致し、交通アクセスと良質なサービスの両立を図ろうとする計画である。また、アクティビティ・センターの整備は30年先を見通した長期的視点から行われている。商業だけでなく、さまざまなサービスをアクティビティ・センターに集めることで、結果的に個人の自動車利用を減らすことを目指している。

メルボルン大都市圏におけるアクティビティ・センターは、規模と機能に応じて5種類に分かれている。

最も上位に位置するのは「セントラル・アクティビティ・センター」である。メルボルン市、ヤラ市、ポートフィリップ市の3市からなるセントラル・メルボルンが該当する。セントラル・アクティビティ・センターは大都市圏全体において最高次の各種サービス（高額商品の販売や技術力の高いサービスなど）を提供しているほか、ヴィクトリア州政府や連邦政府との関係においても重要な役割を果たしている（図8）。

上から2番目の階層には「プリンシパル・アクティビティ・センター」が25カ所指定されている。これらは大都市圏内に分散して配置されており、それらの多くはメルボルンの都心部から放射状に伸びる郊外鉄道路線の主要な乗り換え駅や終点に位置しており、タ

ウンセンター型のプリンシパル・アクティビティ・センターと呼ばれている（例：フッツクレイ、コバーグ、ボックスヒル、フランクストンなど）。

プリンシパル・アクティビティ・センターは主要な交通結節点であることから、ビジネスや商業の集積度も高く、小売業の売上高では大都市圏全体の約30%を占めており、大都市圏内の主要な郊外核を形成している。公共交通のネットワークについても、鉄道路線だけではなく、多くの場合、トラムやバスなど複数の公共交通機関でアクセスすることができる特徴がある。

プリンシパル・アクティビティ・センターにはもう一つのタイプがあり、スタンドアロン型と呼ばれる。メルボルンの都心から10〜15km程度に位置するチャドストン、ハイポイント、サウスランド、ノースランド、ノックスシティ、ドンカスター、ナラワレン、エアポートウェストの8カ所である。これらはすべて、大規模ショッピングセンターを核としたものである。このようなスタンドアロン型に如実に見てとれるように、大都市圏全体の発展計画やインフラ整備において、行政と民間が密接な連携をとり、より良い行政サービスや公共交通サービスの実現や、より多くの投資を引きつける方策が検討されている。

3番目の階層は「メジャー・アクティビティ・センター」であり、大都市圏内に約70カ所指定されている。メジャー・アクティビティ・センターは上位のプリンシパル・アクティビティ・センターの各種のサービス機能を補完している。メジャー・アクティビティ・センターも交通結節点に配置されることが多いという点で、プリンシパル・アクティビティ・センターとの共通点も多い。

4番目、すなわち最下層には、900カ所以上の「ネイバーフッド・アクティビティ・センター」が該当する。これらの大半は最寄りの

図8 メルボルン大都市圏のアクティビティ・センター（出典：ヴィクトリア州政府のホームページ）

バス停やトラム停留所などの近くに集まる小規模な商業地区である。通勤途上に新聞や飲み物が買えるような小規模店舗やコーヒーショップ、パン屋や個人経営の飲食店などが数軒集まっている地区である。

　これらのほか、五つ目のタイプとして「特化型アクティビティ・

センター」が挙げられる。メルボルン空港やメルボルン大学、モナシュ大学などの大規模キャンパス、バイオテクノロジーや医療系の研究開発機関の集中地区などが含まれる。特化型アクティビティ・センターは、将来的な交通アクセスの改善や新規産業の創出などに深く関わる可能性を持ったアクティビティ・センターである。

日本では広域都市圏で多核連携型と言いながら、各自治体がバラバラに拠点をつくっているが、メルボルン都市圏ではヴィクトリア州の政策により、大都市圏全体を見渡してアクティビティ・センター（州の政策）が整備されている。

アクティビティ・センターの配置は、ある程度のスプロール抑制効果があったとされる一方で、新たな交通インフラの整備を伴わない既存インフラの再編成にすぎなかったとする意見もある。特に、2030年時点の人口を500万人と想定していたが、2011年に400万人、2016年には449万人に達しており、2030年を待たずに人口が500万人を突破するのもほぼ確実と言われている。想定を超えるスピードで進展する人口増加に、都市のインフラが追いついていないという意見もある。

5 ／ メルボルンプラン 2017 − 2050 ：メトロ整備と知識集約産業の集積

5.1　35年後の都市圏が目指す目標

ヴィクトリア州政府は2018年に、メルボルン大都市圏の将来計画として、「メルボルンプラン 2017-2050（Plan Melbourne 2017-2050）」を発表した。この計画は、ヴィクトリア州とメルボルン大

都市圏の約35年後を見据えたものであり、2050年のメルボルン大都市圏の人口は800万人と想定されている。これは、世界的に見ても最大規模に近い都市圏人口である。

「メルボルンプラン2017-2050」は九つの原則があり、他の都市に比べてサステイナブルで住みやすい都市にする七つの成果を目指している。そのため、32の具体的な指針が示され、90の詳細な政策が策定された。

九つの原則には、①独自の特徴を持つメルボルン、②グローバル社会で競争優位な都市、③ヴィクトリア州の中小都市とのリンク、④環境のレジリエンスと持続性、⑤近隣地区で生活すること（20分程度で行ける範囲）、⑥社会・経済的参加、⑦強く健康なコミュニティ、⑧バランスのとれた都市成長を支えるインフラ投資、⑨リーダーシップとパートナーシップが挙げられている。

七つの目指す成果とは、①投資を集め、イノベーションをサポートし、雇用を創出する生産的な都市であること、②職場や買い物の場所に近い所に住宅の選択肢を提供できる都市であること、③交通システムが通勤や商品とサービスの運搬を支える存在であること、④良質なデザインとアメニティを持った住環境であること、⑤開かれており、活気があり、健やかな近隣社会を持つ都市であること、⑥持続的でレジリエントな都市であること、⑦ヴィクトリア州の中小都市が生産的であり持続的であり、仕事と経済成長をもたらす存在であること、である。

5.2 鉄道網のアップグレード

「メルボルンプラン2017-2050」の計画の中で、一際規模も大きく、大がかりなインフラ整備が鉄道網のアップグレードである（図9）。

「メルボルン 2030」はアクティビティ・センターに各種の機能と
サービスを集め、それを公共交通機関で結ぶ構想であったが、基本
的には既存の電車とトラム網はそのままで、バス路線や本数の見直
しが中心であった。

　「メルボルンプラン 2017-2050」では、市内の重要機関が集まり、
多くの路線系統のトラムが集中するために慢性的なトラムの渋滞に
悩まされている市役所周辺のスワンストン通りの交通アクセスの改
善と、都心を挟んだ南北の郊外に居住する人の移動をしやすくする
ことを掲げている（写真 5）。その目玉プロジェクトであり、最初
のステップが、現在工事中の「メトロ・トンネル」である（図 10）。

　メルボルンの鉄道網は、19 世紀後半に敷設された路線を現在も
使い続けている。その後、1980 年代にシティループトンネルが掘
削され都心部分を周回する複々線のループ線がつくられると、放射
状に伸びる郊外路線からの列車をほぼすべてループ線に通し、都心
内に始発駅も終着駅もつくらずに多くの列車を通すことができるよ
うになった。郊外の A 駅から来た列車は、都心部分でループ線に
入り、ループを抜けた後はそのまま B 駅行きになる。いわば、日
本の大阪環状線に似た運行システムである。

　しかし、ループ線のシステムを除けば、鉄道の線路設備、駅施設、
車両のどれをとっても老朽化が否めなかった。6 両編成の車両を基
本として、向かいあって座るボックスシート型の車両は、朝夕のラッ
シュ時の混雑度は不快を極めるレベルで、利用者の不満が絶えな
かった。メルボルンは、公共交通の整備が行き届いた「優等生」と
いうイメージが知られているものの、実態はといえば、レール容量
は飽和寸前、車両の混雑度も限界に近かった。

　そこで計画されたのが、都心北西部のノースメルボルンからパー
クビル（メルボルン大学近く）、州立図書館や市役所が並ぶスワン

8章　オーストラリア・メルボルン　241

図9 鉄道網の改良（出典：ヴィクトリア州政府のホームページ）

ストン通りの地下を通って都心南側のドメイン地区で既存の地上線に合流する「メトロ・トンネル」である。これにより、都心から南東方面に伸びる郊外路線のクランボルン／パーケンハムラインから、北西部の郊外に通じるサンバリーラインが直接結ばれる。

2028年に開通が予定されるメトロ・トンネルにより、製造業や小売業などの就業機会の多い南東方面と北西方面が直接結ばれるこ

写真5　トラム路線が集中するメルボルンのスワンストン通り

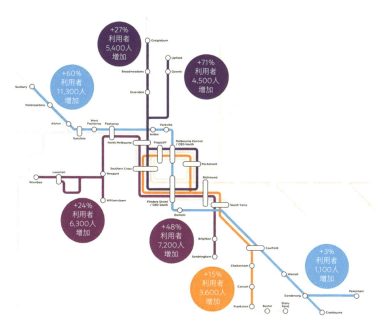

図10　メトロ・トンネル（出典：ヴィクトリア州政府のホームページ）

8章　オーストラリア・メルボルン　243

とにより、通勤者の移動がスムーズになることが期待される。特に、後述するナショナル雇用イノベーションセンター（NEIC）のうち、5地区はこの路線の沿線に位置している。さらに、両路線の列車がループ線に入らないことによってレールの容量に余裕が生まれ、他の郊外路線の混雑緩和ないし運行本数の増加につなげることができると期待されている。このように、メトロ・トンネルは、メルボルン大都市圏における新たな雇用機会の創出や、住みやすさの向上に貢献することが期待されている。

5.3　ナショナル雇用イノベーションセンター

「メルボルンプラン2017-2050」の計画の中で、都市のコンパクト性を高める政策として注目されるものの一つに、「ナショナル雇用イノベーションセンター（National Employment and Innovation Cluster：NEIC）」が挙げられる（図9）。メルボルン大都市圏内に七つのNEICが設定されている（モナシュ、パークビル、フィッシャーマンズベンド、ダンデノン、ラトルーブ、サンシャイン、ウェリビー）。

NEICは知識集約型の企業の集積による生産性の高いビジネスに特徴があり、大学や企業の研究機関に近接して整備されるものである。七つのNEICに共通する特徴は、ビジネスと労働者を惹きつけるに十分な高次のアメニティが求められることである。公共交通機関でのアクセスの良さはもちろんのこと、自転車レーンや歩道の整備をすることも魅力を高める効果がある。

2018年時点ではモナシュNEICとパークビルNEICの二つが活動しているが、残りの五つについては順次整備されていく予定である。それぞれのNEICには個性がある。たとえば、モナシュNEIC

とサンシャイン NEIC はオフィスワークや小売業、サービス業、娯楽産業や不動産業まで広くビジネス分野をカバーするポテンシャルがある。ダンデノン NEIC やフィッシャーマンズベンド NEIC は製造業の生産性を高めるための研究開発に特化している。

6 / 日本への示唆

　本章で紹介してきたメルボルンの事例から、今後の日本が学べることを指摘しておきたい。

　まずは、公共交通利用者の増加による都市のコンパクト化の強化である。メルボルンは、100 年以上前から郊外鉄道網やトラム網が整備されており、他の先進国では例を見ないほど急速な人口増加を経験しつつも、公共交通優位の都市として取り上げられてきた。

　メルボルン大都市圏における鉄道、トラム、バスなどの公共交通分担率の調査[9] によれば、2011 年と 2016 年を比べると、大都市圏全体を通して公共交通の利用率が 14％から 16％へと 2 ポイント上昇している。図 11 に示す通り、都心から 2 ～ 3km の範囲および郊外に延びる鉄道の分岐点の近くでは公共交通分担率が 30％以上を示す高率の地区が複数存在している。また、特定の鉄道路線に沿って 20km 圏まで公共交通利用者の割合が高い地区も見られる。

　キュリーほか（2018）によれば、メルボルンの都心から 10km 以内（Inner Melbourne）の居住者は、車を所有しない人の割合が13.0％（2001 年）から 27.3％（2018 年）へと大幅に増加している[10]。多くのコンドミニアムが都心近くに供給され、その住民が車を所有しなくても通勤や日常の移動にはさほど困難を感じないであろう。一方で、大都市圏の中間域（Middle Melbourne、都心から 10 ～

8章　オーストラリア・メルボルン　245

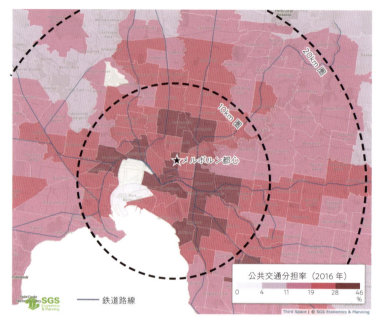

図11　メルボルンにおける公共交通分担率（2016年）（出典：SGS経済計画のホームページ）

20km）では車を所有しない人の割合が45.7%（2001年）から42.7%（2018年）へとポイントを落としている。さらに、世帯において2台以上の車を所有している人の割合は、28.4%（2001年）から50.0%（2016年）へと大幅に増加している。さらに、大都市圏の外縁部（Outer Melbourne、都心から30km以上）では車を所有しない人の割合が16.4%（2001年）から16.9%（2018年）とほぼ横ばいであるが、世帯において2台以上の車を所有している人の割合は、20.8%（2001年）から54.7%（2016年）へと大幅に増加している。

　こうしたデータから見えてくることは、確かに、都心に職場がある人や、都心近くに住んでいる人の自動車依存は改善されていると

言えるが、大都市圏全体を俯瞰した場合は、公共交通優位というよりは、高い自動車依存の状態にあるということである。郊外に向かえば、一般に住宅価格は安くなる。そのため、車がなければ移動もままならないようなアクセスの悪い場所でも住宅開発が行われ、所得が高くない住民が住宅を取得している現状が見えてくる。こうした住宅の購買層には、移民も多く含まれると推察され、住宅ローンと2台以上の車を維持するためのコストが生活を圧迫している状況が垣間見える。

　予想を上回るスピードで人口が増加し続けるメルボルン大都市圏においては、日々都市構造の変革が進んでいる。都心から一定の範囲ではスプロールの抑え込みに成功しているように見える一方で、大都市圏の末端部では、予想を上回るペースで進行する人口増加の圧力に押されて、現実的には無秩序な開発ともいえる安易な住宅開発が進行し、結果として自動車依存が改善されない現状も見てとれる。コンパクトシティの追求が、本当に住みやすいサステイナブルな都市をつくりあげることができるのかは議論の余地があるだろう。

　第二に、移民（外国出身者）を含む人口増加とその受け入れが挙げられる。メルボルンでは、富裕層の移民は比較的利便性の高い白人ミドルクラスの多い郊外の家を取得するケースが目立つが、所得が労働者平均程度かそれ以下の場合は、大都市圏の縁辺部に供給される安価な住宅に住むしか選択肢がない。

　人口減少の局面に入っている日本において、今後、顕著な人口増加は外国人によってもたらされるといっても過言ではないだろう。2019年4月1日に、改正出入国管理及び難民認定法が施行された。これは、労働力不足が深刻な14業種に限り、5年間で最大34.5万人の外国人労働者を受け入れるための在留資格「特定技能」の新設をするというものである。日本でもメルボルンと同じように、今後

8章　オーストラリア・メルボルン　247

増加するであろうと見込まれる外国人の受け入れをどのように対応するかは喫緊の課題である。世界的に見れば、外国人労働者の問題と住宅問題が同時に発生することは珍しくなくない。

人口増加そのものは経済の活性化にとってはプラスに作用することが多く、メルボルンにおいても小売店や飲食店の増加、さらには雇用の増加という点で大きなインパクトがある。多文化共生社会といわれるメルボルンで今起きている現象から、日本が学ぶべき教訓は多い。

＊1　メルボルン市役所のホームページによる。

＊2　2018年9月7日開催の The Melbourne Rail Plan Launch ミーティングによる。

＊3　堤 純、オコナー・ケヴィン「留学生の急増からみたメルボルン市の変容」『人文地理』60、2008
　　　Tsutsumi, Jun and O'Connor, Kevin, International Students as an Influence on Residential Change: A Case Study of the City of Melbourne, *Geographical Review of Japan Series B 84*, 2011

＊4　橋都由加子「オーストラリアにおける連邦・州・地方の役割分担」、財政総合政策研究所『主要諸外国における国と地方の財政役割の状況』2016

＊5　自治体国際化協会「メルボルンにおけるコンパクトシティ政策について」2018

＊6　State of Victoria, *The next step, Economic Initiatives and opportunities for the 1980s', The Economic strategy for Victoria*, State of Victoria, 1984

＊7　State of Victoria, The next decade, 1987a
　　　State of Victoria, *Shaping Melbourne's future, The government's Metropolitan policy*, 1987

＊8　藤塚吉浩『ジェントリフィケーション』古今書院、2017

＊9　SGS Economics and Planning のホームページによる。

＊10　Currie, G., Delbosc, A. and Pavkova, K., Alarming Trends in the Growth of Forced Car Ownership in Melbourne, *Australasian Transport Research Forum 2018 Proceedings*, 2018

おわりに

　コンパクトシティの実現は難しいという話をよく耳にする。しかし、それは当たり前のことだ。そもそも何事においても、拡張型対応よりは撤退型対応の方がはるかに難しいのは世の常であろう。いわく、結婚よりは離婚をする方が何かと大変である。戦国時代では戦端を開く「さきがけ」よりは、退きながら最後尾で戦う「しんがり」の方がはるかに危険で、高度な戦闘能力が求められた。さらに歴史を遡ると、神様としてあがめられるようになったのは、遣隋使をはじめた小野妹子ではなく、遣唐使を取りやめた菅原道真である。そもそも我々は高度なことを要求されているのだ。

　しかし、よくよく考えれば、コンパクトシティ政策は先人たちが後世のことを考えず、野放図に行動した結果の尻ぬぐいを我々世代に押しつけているだけのことではないか、という意見もある。後世にこれ以上のツケを渡さないようにすることが我々に与えられた使命なのだろう。

　なお、編者個人としてはまったく別の感想も持っている。振り返ってみれば、30 年前に自分の博士論文で都市機能集積地区なるエリアの設定方法などを提案していた。当時は誰 1 人として反応する人はいなかったが、現在ようやく制度となった都市機能誘導区域はそれとほぼ同じ内容である。今やコンパクトシティは学生の卒業論文の人気テーマであり、はからずもこのような書籍まで上梓する機会をいただくことになった。世の中の変化には驚くばかりで、まさに隔世の感がある。時代は急速にコンパクトなまちづくりを欲するようになっている。

　また、コンパクトシティに関わる取り組みは実は奥深くて面白い。都市拡張政策よりもそれぞれの都市の特徴をよく理解して取り組ま

ないとうまくいきそうにない。都市は百都市百様であり、各都市でコンパクトシティ政策を進めるには、その都市に関する素養を持ち、まちづくりの経験が豊富な専門家の存在が不可欠となる。つまり、実はなかなかの通好みのトピックなのだ。

　そもそも日本の都市はもともとコンパクトな構造を有する素質のある都市が多く、その元の形をいかに崩さずに将来につなげられるかということが一つの焦点である。また、落ち着いて考えてみれば、計画不在と言われてきた日本において、コンパクトシティ政策は過去に行うべきであった計画を、ようやくこれから本気で実行しようとしているだけという解釈も可能である。それはすなわち、書類上で文言をコンパクトシティに差し替えるだけでは今までと同じ結果しか得られないということでもある。新たなまちづくりの常識として、コンパクトなまちづくりが広く浸透していくことを期待して筆をおきたい。

　なお、最後になったが、緻密な編集作業を通じ、個性と才能にあふれる執筆者陣の素質を的確に引き出していただいた学芸出版社の宮本裕美氏に重ねて感謝申し上げたい。

　2019 年 12 月

谷口 守

編著者

谷口 守 | 筑波大学システム情報系社会工学域教授、略歴 p.11

著者

片山健介 | 長崎大学総合生産科学域（環境科学系）准教授、略歴 p.36

斉田英子 | 中央大学法学部兼任講師、略歴 p.70

髙見淳史 | 東京大学大学院工学系研究科都市工学専攻准教授、略歴 p.98

松中亮治 | 京都大学大学院工学研究科准教授、略歴 p.126

氏原岳人 | 岡山大学大学院環境生命科学研究科准教授、略歴 p.158

藤井さやか | 筑波大学システム情報系社会工学域准教授、略歴 p.184

堤 純 | 筑波大学生命環境系地球環境科学専攻教授、略歴 p.216

世界のコンパクトシティ
都市を賢く縮退するしくみと効果

2019 年 12 月 25 日　初版第 1 刷発行	
2021 年　5 月 10 日　初版第 2 刷発行	

編著者	谷口 守
著者	片山健介・斉田英子・髙見淳史・松中亮治・氏原岳人・藤井さやか・堤 純
発行所	株式会社学芸出版社 京都市下京区木津屋橋通西洞院東入 電話 075-343-0811　〒 600-8216
発行者	前田裕資
編集	宮本裕美
装丁	見増勇介（ym design）
DTP	時岡伸行（KST Production）
印刷・製本	シナノパブリッシングプレス

©谷口守ほか 2019　　　　　　　　　　　　Printed in Japan
ISBN978-4-7615-2725-9

JCOPY 〈(社)出版者著作権管理機構委託出版物〉
本書の無断複写（電子化を含む）は著作権法上での例外を除き禁じられています。複写される場合は、そのつど事前に、(社)出版者著作権管理機構（電話 03-5244-5088、FAX 03-5244-5089、e-mail: info@jcopy.or.jp）の許諾を得てください。
また本書を代行業者等の第三者に依頼してスキャンやデジタル化することは、たとえ個人や家庭内の利用でも著作権法違反です。

MaaSが都市を変える
移動×都市DXの最前線
牧村和彦 著　2300円＋税

多様な移動を快適化するMaaS。その成功には、都市空間のアップデート、交通手段の連携、ビッグデータの活用が欠かせない。パンデミック以降、感染を防ぐ移動サービスのデジタル化、人間中心の街路再編によるグリーン・リカバリーが加速。世界で躍動する移動×都市DXの最前線から、スマートシティの実装をデザインする。

イギリスとアメリカの公共空間マネジメント
公民連携の手法と事例
坂井 文 著　2500円＋税

イギリスとアメリカでは不況下に荒廃した公共空間を、民間活用、都市再生との連動により再生し、新たに創出してきた。その原動力となったのは、企業や市民、行政、中間支援組織など多様なステークホルダーが力を発揮できる公民連携だ。公共空間から都市を変えるしくみをいかに実装するか。ロンドン、ニューヨーク等の最前線。

デンマークのスマートシティ
データを活用した人間中心の都市づくり
中島健祐 著　2500円＋税

税金が高くても幸福だと実感できる暮らしと持続可能な経済成長を実現するデンマーク。人々の活動が生みだすビッグデータは、デジタル技術と多様な主体のガバナンスにより活用され、社会を最適化し、暮らしをアップデートする。交通、エネルギー、金融、医療、福祉、教育等のイノベーションを実装する都市づくりの最前線。

ドイツのコンパクトシティはなぜ成功するのか
近距離移動が地方都市を活性化する
村上 敦 著　2200円＋税

ドイツの街は、なぜコンパクトで活気があるのか。日本のコンパクトシティは、なぜ失敗するのか。人口減少・超高齢社会に車主体の交通は成り立たなくなる。車の抑制、住宅地の高密度化、商業施設の集約、公共交通の財源確保など、移動距離の短いまちづくりによって交通を便利にし、経済を活性化するドイツのしくみを解説。

アメリカの空き家対策とエリア再生
人口減少都市の公民連携
平 修久 著　2500円＋税

アメリカは空き家対策の先進国だ。人口減少都市では大量に発生した空き家を、行政のシビアな措置、多様な民間組織の参画、資金源の確保等により、迅速に除却・再生し不動産市場に戻すしくみを構築している。空き家を負債にせず大胆に活用し、衰退エリアを再生するアメリカの戦略・手法を、日本への示唆を含めて具体的に解説。